Sprechen Sie Klingonisch wie ein Einheimischer! Lernen Sie die Sprache mithilfe von einfachen Sätzen:

Was willst du? (Begrüßung)	**– nuqneH** (Aussprache: nuck-NECH)
Das ist ungünstig.	**– Do'Ha'** (Aussprache: do-CHA)
Ich verstehe nicht.	**– jIyajbe'** (Aussprache: dschi-JADSCH-bä)
Das ist nicht mein Fehler.	**– pIch vIghajbe'** (Aussprache: pitsch vi-chadsch-BÄ)
Beam mich an Bord!	**– HIjol** (Aussprache: chi-DSCHOHL)

STAR TREK®

Das offizielle Wörterbuch

Klingonisch/Deutsch

Deutsch/Klingonisch

von Marc Okrand

Übersetzung: Jens Helmig
Überarbeitet von: Lieven L. Litaer

HEEL

HEEL Verlag GmbH
Gut Pottscheidt
53639 Königswinter
Tel.: 02223 9230-0
Fax: 02223 9230-13
info@heel-verlag.de
www.heel-verlag.de

12. Auflage 2024

Originaltitel: *STAR TREK®. The Klingon Dictionary*
Original-ISBN: 978-0-6717-4559-2

Autor: Marc Okrand
Übersetzung: Jens Helmig
Überarbeitung: Lieven L. Litaer

Printed in Czech Republic

978-3-86852-688-2

INHALTSVERZEICHNIS

Einführung 9

1. Die Lautlehre des Klingonischen 13
   1.1 Die Konsonanten 13
   1.2 Die Vokale 16
   1.3 Die Betonung 17

2. Grammatikalischer Überblick – Einführung 19

3. Nomen 20
   3.1 Einfache Nomen 20
   3.2 Komplexe Nomen 20
      3.2.1 Zusammengesetzte Nomen 20
      3.2.2 Verben auf **-wI'** 21
      3.2.3 Andere komplexe Nomen 21
   3.3 Suffixe 22
      3.3.1 Typ 1: Augmentative/Diminutive 22
      3.3.2 Typ 2: Numerale 23
      3.3.3 Typ 3: Qualifikation 26
      3.3.4 Typ 4: Possessivsuffixe/Spezifikation 27
      3.3.5 Typ 5: Syntaktische Markierungen 29
      3.3.6 Relative Ordnung der Suffixe 32
   3.4 Nomen-Nomen-Verbindungen 33

4. Verblehre 35
   4.1 Pronominale Präfixe 35

4.1.1 Normative Präfixe 35
4.1.2 Imperativpräfixe 37
4.1.3 Notationskonventionen 38
4.2 Verbsuffixe 38
4.2.1 Typ 1: Reflexivkonstruktionen: sich selbst/sich gegenseitig 38
4.2.2 Typ 2: Bedarf/Willen 39
4.2.3 Typ 3: Wechsel 41
4.2.4 Typ 4: Kausalität 41
4.2.5 Typ 5: Indefinite Subjekte/Fähigkeit 42
4.2.6 Typ 6: Qualifikation 43
4.2.7 Typ 7: Aspekt 44
4.2.8 Typ 8: Ehrbezeugung 47
4.2.9 Typ 9: Syntaktische Markierungen 47
4.2.10 Relative Ordnung der Suffixe 49
4.3 Wanderer 51
4.4 Adjektive 55

5. Andere Wortarten 57
5.1 Pronomen 57
5.2 Numerale 58
5.3 Konjunktionen 61
5.4 Adverbiale 62
5.5 Exklamationen 64
5.6 Namen und Anreden 65

6. Syntax 66
6.1 Einfache Sätze/Hauptsätze 66
6.2 Komplexe Sätze 68
6.2.1 Zusammengesetzte Sätze 68
6.2.2 Nebensätze 69
6.2.3 Relativsätze 70
6.2.4 Finalsätze 72
6.2.5 Sätze als Objekte 73
6.3 Das Verb „sein“ 75
6.4 Fragen 76
6.5 Befehle/Aufforderungen 78
6.6 Komparative und Superlative 78

7. Kurz-Klingonisch 80
7.1 Befehle/Aufforderungen 80

7.2 Erwiderungen 82
7.3 Erregung/Zwang 82

Wörterverzeichnis 84
Vorbemerkung 85
Klingonisch – Deutsch 88
Deutsch – Klingonisch 125
Klingonische Affixe 163
Deutscher Index zu klingonischen Affixen 166

Anhang: Liste nützlicher klingonischer Phrasen 170
Addendum 174

EINFÜHRUNG

Das Klingonische ist die Amtssprache des klingonischen Imperiums. Bis vor kurzer Zeit waren nur einige wenige Nicht-Klingonen in der Lage, genug Klingonisch zu lernen, um mit einem Muttersprachler eine fruchtbare Kommunikation beginnen zu können. Mittlerweile sind unter der Organisation des Föderalen Ministeriums für Wissenschaftliche Forschung erste Studien mit dem Zweck der Aufzeichnung und Analyse der klingonischen Sprache und Kultur unternommen worden, deren Endziel, nebst diversem Unterrichtsmaterial, die Erstellung einer umfassenden Enzyklopädie alles Klingonischen ist. Das vorliegende Wörterbuch vereint in sich die ersten Erfolge dieser Unternehmungen.

Das Wörterbuch ist in zwei Hauptteile untergliedert: einen grammatikalischen Überblick und ein Wörterverzeichnis.

Der grammatikalische Teil vermittelt dem Leser einen Überblick der klingonischen Grammatik, ohne jedoch Anspruch auf Vollständigkeit zu erheben; trotzdem wird er dem Leser nach seinem Studium ermöglichen, einzelne klingonische Wörter zu sinnvollen Sätzen gruppieren zu können. Obwohl der größere Teil der aufgeführten grammatikalischen Regeln von klingonischen Linguisten zusammengestellt worden ist, bleibt Folgendes anzumerken. Grammatikalische Regeln, die mit den Worten „immer“ oder „niemals“ in ihrer Gültigkeit beschrieben werden, beziehen sich auf ein reines Klingonisch. Im tatsächlichen Sprachgebrauch werden diese Regeln jedoch gebrochen oder ignoriert. Der grammatikalische Überblick dieses Buches beschreibt also, sogar in den Augen der meisten klingonischen Linguisten, ein „reines“ bzw. „Hoch“-Klingonisch.

Da die Untersuchungen bei Weitem noch nicht abgeschlossen sind, ist auch das sich anschließende Wörterverzeichnis in seinem Umfang stark eingeschränkt. Es existieren selbstverständlich weit mehr klingonische Ausdrücke als die hier verzeichneten. Drei Gruppen von Wörtern sind in unserem Rahmen in jedem Fall unterrepräsentiert. Nebst wissenschaftlichen Ausdrücken sind dieses nahezu alle Wörter, mit denen einheimische Werkzeuge, wirtschaftliche Angelegenheiten sowie Begriffe aus heimischer Flora und Fauna ausgedrückt werden sowie zu guter Letzt alle Begriffe, die mit klingonischem Nahrungsgebrauch – oder Erwerb zusammenhängen. Die Analyse wissenschaftlicher Ausdrücke ist Untersuchungsgegenstand einer detaillierteren Studie, die gerade für eine Veröffentlichung vorbereitet wird. Die Wörter, mit denen im Klingonischen Werkzeuge beschrieben oder deren Gebrauch ausgedrückt werden, sind für eine Übertragung ins Deutsche noch nicht genug erfasst. Dieses gilt ebenso für die Begriffe des wirtschaftlichen Handelns. Einheimische Tiere und Pflanzen sind noch zu wenig erforscht, um diese semantisch hinreichend erfassen zu können. Dem Leser sei jedoch versichert, dass die angesprochenen Auslassungen in der projektierten klingonischen Enzyklopädie gebührende Beachtung finden werden. Das Fehlen von Ausdrücken aus dem Bereich Nahrung und Ernährung erklärt sich leider durch fehlende Forschungskapazitäten. Es gab Probleme, ein Forschungsteam zu diesem semantischen Bereich zusammenzustellen. Solange dieser Wortschatz nur oberflächlich dargestellt werden kann, haben die Verfasser auf eine Veröffentlichung ihrer Ergebnisse verzichtet.

Das Wörterverzeichnis wird ohne jeden Zweifel in Zukunft an Umfang zunehmen, zumindest in dem Maße, wie dem Institut Möglichkeiten der Erforschung zur Verfügung stehen. Trotzdem können bereits zu diesem frühen Zeitpunkt einige Muster klingonischer Kommunikation erfasst werden. Ein Beispiel ist das offensichtliche Fehlen von Ausdrücken, die in unserer Sprache durch Grußworte wie *Hallo!*, *Wie geht es dir?* oder *Guten Morgen!* performiert werden. Eine nähere Betrachtung dieses Phänomens ergab, dass derartige Formeln im Klingonischen nicht existieren. Bei der Begegnung zweier Klingonen wird zu diesem Zweck ein Ausdruck verwendet, der bestenfalls mit: *Was willst du?* übersetzt werden kann, wobei hiervon militärische Begegnungen ausgenommen sind. Im Gegensatz zu den meisten Sprechern der deutschen Sprache, die eine Konversation mit neutralen Bemerkungen zur Gesundheit des Gegenübers oder bezüglich des Wetters einleiten, scheinen Klingonen dahin zu tendieren, mit dem Wesentlichen zu beginnen.

Obwohl Klingonen stolz auf ihre Sprache sind und sich gelegentlich in breiten Diskussionen über deren Ausdruckskraft und Schönheit ergehen, haben sie das Klingonische als für den Gebrauch außerhalb der eigenen Domäne ungeeignet erkannt. Aus diesem Grund hat die klingonische Regierung gemeinsam mit vielen anderen Regierungen das Englische als lingua franca aller intra- und intergalaktischen Kommunikation anerkannt. Im Allgemeinen wird das Englische nur von Angehörigen der oberen Klassen, einschließlich der militärischen und politischen Führung, erlernt. Hieraus ergeben sich für den Gebrauch des Englischen zwei Funktionen in der klingonischen Gesellschaft. Zum einen wird es als Statussymbol oder Rangabzeichen gebraucht: Diejenigen Klingonen, die die englische Sprache beherrschen, verwenden es untereinander, um ihre außergewöhnliche Position zu verdeutlichen und beweisen ihren gesellschaftlichen Status hierdurch auch unfreiwilligen Zuhörern ihrer Gespräche. Zum anderen wird das Englische dann verwendet, wenn es darum geht, Diener, Soldaten oder auch die allgemeine Öffentlichkeit von einer Kommunikation auszuschließen. So wird der Kommandierende eines klingonischen Schiffes seine Befehle in der Muttersprache erteilen, sich mit seinen Offizieren jedoch vermutlich auf Englisch verständigen. Umgekehrt wird sich ein klingonischer Offizier in Gegenwart von Nicht-Klingonen natürlich stets der Muttersprache bedienen. Ein derartiger Gebrauch des Klingonischen scheint sich als effektiv erwiesen zu haben und wird demzufolge vermutlich auch weiterhin gepflegt werden.

Das Klingonische kennt ein Vielzahl von Dialekten. Von diesen führt das vorliegende Buch nur einen, denjenigen des momentanen klingonischen Herrschers, auf. Wenn es zur Ersetzung eines klingonischen Herrschers, aus welchen Gründen auch immer, kommt, war es bisher immer der Fall, dass der neue Herrscher stets auch Sprecher eines, bezüglich seines Vorgängers, anderen Dialekts gewesen ist, der daraufhin in den Rang des offiziellen oder herrschenden Dialekts erhoben wurde. Diejenigen Klingonen, die nach einem Machtwechsel keine Sprecher des herrschenden Dialekts waren, wurden für gewöhnlich als zumindest dumm oder sogar subversiv verurteilt und bekamen dementsprechend in Zukunft nur noch untergeordnete oder unbeliebte Aufgaben zuge-

wiesen. Die meisten Klingonen sind bemüht, sich in verschiedenen Dialekten des Klingonischen fließend auszudrücken.
Manche Dialekte unterscheiden sich nur unwesentlich von dem hier vorgestellten. Unterschiede sind hauptsächlich auf der Ebene des Vokabulars (es existiert nahezu in allen Dialekten ein eigener Ausdruck für die Stirn) und in der Artikulation bestimmter Phoneme anzutreffen. Andererseits differieren manche Dialekte so stark, dass die jeweiligen Sprecher signifikante Verständnisprobleme gegenüber dem offiziellen klingonischen Dialekt vorweisen, wodurch die Kommunikation z. T. erheblich gestört wird. Für denjenigen, der im Begriff ist, sich des Klingonischen zu bemächtigen, sei bemerkt, dass er zunächst die jeweilige politische Situation auskundschaften sollte, bevor er die ersten Verständigungsversuche unternimmt.
Das Klingonische verfügt über ein ursprüngliches Notationssystem, genannt **pIqaD**, welches sich als brauchbar für die Darstellung der verschiedensten Dialekte erwiesen zu haben scheint. Diese Schriftsprache ist bis heute jedoch noch nicht vollständig ausgewertet worden und findet daher im vorliegenden Wörterbuch keine Verwendung. Stattdessen wird im Folgenden ein Schriftsystem vorgestellt und verwendet, das auf dem lateinischen Alphabet basiert. Ein Artikel für die klingonische Enzyklopädie, der sich den Details von **pIqaD** widmet, ist in Vorbereitung.
Als Notationskonvention wurde für den grammatikalischen Teil des Wörterbuches eine Darstellung des Klingonischen in fett gesetzten und für das Deutsche in kursiv gesetzten Typen festgelegt: **tlhIngan** *Klingonisch.*
Der Autor möchte an dieser Stelle dem Institut für Wissenschaftliche Forschung seinen Dank für die Bereitstellung der Mittel aussprechen, die das Wörterbuch in der vorliegenden Form erst ermöglicht haben. Weiteren Dank soll allen Mitgliedern des Föderalen Institutes für Interlingualität gezollt werden, die sich durch ihre konstruktive Kritik bei der Durchsicht früherer Fassungen des Buches unentbehrlich gemacht haben.
Zu guter Letzt soll dem klingonischen Informanten der gebührende Dank für die Bereitstellung der Daten ausgesprochen werden, auf denen das Wörterbuch im Wesentlichen basiert. Obwohl ein Gefangener der Föderation, arbeitete er viele Stunden daran, dass sein Wissen den Mitgliedern der Föderation nun zur Verfügung gestellt werden kann. Maltz, wir danken Dir!

1. DIE LAUTLEHRE DES KLINGONISCHEN

Die einzelnen Laute des Klingonischen, Konsonanten wie Vokale, sind ohne komplexe phonologische und anatomische Terminologien nur schwierig zu beschreiben. Im Folgenden soll also nur eine Einführung in die Betonung und Betonungsschwierigkeiten des Klingonischen gegeben werden. Der beste Weg zu einer korrekten Aussprache ohne jeden terranischen oder anderweitigen Akzent, ist der, sich einer Gruppe von Klingonen freundschaftlich zu nähern und eine längere Zeit mit ihnen zu verbringen. Nur wenige Nicht-Klingonen sprechen das Klingonische akzentfrei.
Das Notationssystem für das Klingonische wurde so gewählt, dass Sprecher des Deutschen mit entsprechenden alphabetischen Kenntnissen keine Probleme haben sollten, sich der Aussprache des so aufnotierten Klingonischen zu bemächtigen.

1.1 Die Konsonanten

b auszusprechen wie *Bronchitis* oder *Bauer*. Einige Klingonen betonen diesen Laut, als würde man **m** und **b** simultan aussprechen. Sprecher des Deutschen können sich dieser Betonungsweise nähern, indem sie das Wort *Ambulanz* ohne den einleitenden a-Laut auszusprechen üben. Wenige Klingonen sprechen das **b** stets wie ein **m.**

ch auszusprechen wie der c-Laut im italienischen Wort *Ciao*.
D ähnelt dem d-Laut in *Dame* oder *Adrenalin*, doch der Lautwert ist nicht ganz derselbe. Der d-Laut wird im Deutschen erzeugt, indem die Zungenspitze an den Teil des Gaumens gelegt wird, der unmittelbar den oberen Schneidezähnen folgt. Dem klingonischen **D** kann sich ein Sprecher des Deutschen nähern, indem er die Zungenspitze an den Gaumen zwischen dem weichen Palatal und der Zahnreihe legt, also dort, wo der Gaumen relativ hart ist. Ähnlich dem klingonischen **b** wird es von manchen Sprechern wie *nd* und von einer kleinen Minderheit nur als **n** betont, natürlich mit derselben Zungenstellung wie ein **D.**
gh keine lautliche Entsprechung. Es kann erzeugt werden, indem man die Zunge in dieselbe Position setzt, als wollte man im Deutschen *Gauner* sagen, doch bleibt die Zunge entspannt und der Laut wird von einem Summ- oder Brummton begleitet. Es ähnelt dem klingonischen **H** (siehe unten), doch wird begleitet von einer Vibration der Stimmbänder.
H auszusprechen wie der Rachenlaut in *Bach*, aber viel rauer. Im Gegensatz zu **gh** vibrieren die Stimmbänder nicht.
j auszusprechen wie der Anlaut in *Jamaika*, niemals wie im französischen *jour*.
l auszusprechen wie der Anlaut in *Lunge* oder der l-Laut in *Alchemie*.
m auszusprechen wie in *Mutter* oder *Ambulanz*. Die wenigen Klingonen, die **b** wie **m** aussprechen, würden klingonisch **baH** *Feuere (einen Torpedo)* und **maH** *wir* gesprochen nur durch den Kontext der Äußerung unterscheiden können.
n auszusprechen wie der entsprechende Laut in *Nabel* oder *Sonne*. Diejenigen Klingonen, die das **D** ähnlich dem **n** betonen, können diesen Laut leicht und für sich verständlich artikulieren. Selbst wenn das **D** dem **n** ähnlich ist, wird es mit der klingonischen Zungenposition für **D** und nicht der deutschen Position für den d-Laut ausgesprochen. Das klingonische **n** wird in der Zungenstellung artikuliert wie das *d* im Deutschen.
ng auszusprechen wie der letzte Laut in *Vorhang* oder *Ding*, niemals getrennt wie in *Tango*. Dieser Laut wird niemals zu Anfang eines deutschen Wortes artikuliert, jedoch kann es bei einer Reihe von klingonischen Ausdrücken erscheinen. Sprecher des Deutschen können den Gebrauch dieses Lautes trainieren, indem sie das Wort *Bangemann* ohne den Anlaut *ba* auszusprechen versuchen.
p auszusprechen wie in *Panther* oder *Operation*. Der plosive Laut

wird immer kräftig, niemals weich betont. Sprecher des Deutschen möchten die Aussprache vielleicht ohne den Austritt von Speichel trainieren, angemerkt sei jedoch, dass die Klingonen sich über diesen physischen Nebeneffekt im Allgemeinen wenig Gedanken machen.

q ähnlich dem deutschen *k* in *Katastrophe*, doch ist der Lautwert nicht ganz derselbe. Die Zungenposition des deutschen Lautes *k* ähnelt in Klingonisch **gh** und **H**. Um ein klingonisches **q** auszusprechen, muss der Mittelteil der Zunge den Gaumen weiter zum Rachenraum hin berühren als für ein **gh** oder **H**. Tatsächlich reicht die Zunge in der korrekten Aussprache beinahe zurück bis zur Uvula (dem Gaumenzäpfchen), wodurch die Aussprache des **q** eher einem Würgen oder Röcheln ähnelt. Der Laut wird für gewöhnlich von einem leichten plosiven Aushauchen begleitet. Sprecher des Deutschen seien daran erinnert, dass **q** in einer Kombination mit *u* nicht wie in *Quitte* gesprochen wird.

Q besitzt keine lautliche Entsprechung. Seine Aussprache ist dem **q** ähnlich, doch wird der Auslaut stark übertrieben und weist eine gutturale Färbung auf, wodurch es einer Mischung aus Klingonisch **q** und **H** darstellt.

r entspricht einem stark gerollten r-Laut. Im deutschen Sprachraum ist er vor allem in Norddeutschland, im englischen Sprachraum in Schottland anzutreffen.

S entspricht einer Mischung aus *s* und *sch*. Die Zungenspitze wird dabei in dieselbe Stellung gebracht wie beim klingonischen **D.**

t entspricht dem t-Laut in *Trampolin* oder *Achtung*. Vom klingonischen **D** unterscheidet es sich zweifach: Erstens wird es ähnlich dem klingonischen **p** von einem plosiven Aushauchen begleitet, zweitens entspricht die Zungenstellung derjenigen, um das **D** zu artikulieren, die Zungenspitze befindet sich jedoch wesentlich weiter vorn.

tlh findet keine Entsprechung im Deutschen, ähnelt jedoch sehr stark dem Auslaut in dem aztekischen Wort *tetl* mit der Bedeutung *Ei*, natürlich nur, wenn dieses richtig artikuliert wird.

Um **tlh** richtig auszusprechen, wird die Zungenspitze in dieselbe Position gebracht, als ob ein **t** artikuliert werden soll, doch die Zungenränder werden auf beiden Seiten nach unten gezogen und die Luft durch die entstandene Öffnung zwischen Zunge und Zähnen gepresst. Der Laut wird mit großer Reibung produziert, sodass die Warnung, die bei der Beschreibung der Artikulation von **p** ausgesprochen worden ist, nur noch einmal wiederholt werden kann.

v auszusprechen wie das englische stimmhafte **v** in *living*. Es klingt nicht wie das deutsche **v** in dem Wort *Vogel*.
w im Normalfall auszusprechen wie in *Warnung*. In manchen Fällen, besonders wenn der Sprecher nachdenklich ist oder besonnen formuliert, wird es stärker betont und ähnelt dann dem **Hw** oder dem **Huw.**
y auszusprechen wie der j-Laut in *Jugend* oder *Jodeln*.
' der Apostroph bezeichnet einen Laut, der zwar auch im Deutschen vorkommt, jedoch nicht notiert wird. Es ist dies der sogenannte Stimmritzenverschluss bzw. das Stimmritzenknacken. Man kann sich den Laut verdeutlichen, wenn man zwei Silben, z. B. *oh-oh*, mit viel Luft oftmals wiederholt. Wenn ein Klingone an das Ende eines Wortes gelangt, so wiederholt er häufig den Vokal, der vor dem **'** gelegen ist wie ein leises Echo. In korrekter klingonischer Aussprache würde also das Wort **je'** *füttern* wie **je'e** ausgesprochen, wobei das zweite **e** nur als ein leises Wispern zu hören ist. Wenn **'** dem **w** oder **y** am Ende eines Wortes folgt, erscheint oftmals ein **u** oder **I** als gewispertes Echo. Manchmal ist dieses Echo recht deutlich zu vernehmen, insbesondere in Verbindung mit einem gutturalen Laut wie ein **gh**. So kann zum Beispiel der Ausdruck **yIII'** *Übertragung!* oftmals eher wie **yIII'ghI** klingen. Dieses besonders starke Echo tritt vor allem dann auf, wenn der Sprecher aufgeregt oder wütend ist.

1.2 Die Vokale

Im Klingonischen werden fünf Vokale artikuliert.

a auszusprechen wie in *Ampel* oder *Lama*.
e auszusprechen als kurzes *e* wie der erste Vokal in *Treppe*.
I auszusprechen wie ein kurzes **i** in *Ritter* oder *Klinge*. Manchmal wird das **I** lang ausgesprochen, vergleichbar zu *Zucchini* oder *Igel*, diese Verwendung ist selten und die Gründe für ihr Auftreten sind bislang noch nicht geklärt.
o auszusprechen wie in *Ofen* oder *Mode*, niemals wie in *Otto* oder *Mops*.
u stets lang auszusprechen, wie in *Untergrund* oder *Bruno*, niemals wie im Englischen *but* oder *cute*.

In Kombination mit **w** oder **y** verändert sich die Klangfarbe der Vokale.

Klingonisch	Lautwert	Beispiel
aw	*au*	*kauen, Miau*
ay	*ei*	*Meister, weinen*
ey	*äi*	wie in engl. *pay*
Iy	*i* (lang)	*Igel, widerlich*
oy	*eu*	*Teufel*

Die Verbindung **uy** erinnert an den *ui*-Laut wie in *Pfui* oder frz. *Louis*. **ew** entspricht keinem Laut im Deutschen, kann jedoch artikuliert werden, wenn man das klingonische **e** und **u** gemeinsam auszusprechen versucht, Ähnliches gilt für **Iw**, dem man sich am besten nähert, indem **I** und **u** zusammen ausgesprochen werden. Es gibt keine klingonischen Wörter, welche die Verbindung **ow** oder **uw** aufweisen, gäbe es sie, wären diese Verbindungen von Wörtern, die auf **o** oder **u** enden, nicht zu unterscheiden.

1.3 Die Betonung

Jedes klingonische Wort, das aus mehr als einer Silbe aufgebaut ist, enthält im Normalfall eine betonte Silbe. Die Betonung wird erreicht durch eine leichte Steigerung der Tonhöhe des Leitvokals und etwas mehr Kraft bei der Aussprache der Silbe.
In einem Verb ist diese betonte Silbe normalerweise das Verb selbst, worin sich eine Abgrenzung zu Präfixen und Suffixen auszudrücken scheint. Wenn allerdings ein Suffix auf **'** endet und durch mindestens eine Silbe vom Verb selbst getrennt ist, wird sowohl das Suffix auf **'** als auch das Verb betont. Dazu kommt, dass wenn die semantische Betonung im Kontext auf einer Suffixbedeutung liegt, diese anstatt des Verbs betont wird. Suffixe der Emphase (Abschnitt 4.3) oder Verneinung werden oftmals betont, ebenso wie die Suffixe des Fragens (Abschnitt 4.2.9).
In einem Substantiv steht die betonte Silbe für gewöhnlich vor dem ersten Substantivsuffix oder an letzter Stelle, wenn kein Suffix angehängt wird. Wenn jedoch eine Silbe auf **'** endet, wird diese stattdessen betont. Wenn zwei gleichwertige Silben auf **'** enden, werden beide gleichermaßen betont.
Zum Schluss muss noch bemerkt werden, dass es einige Wörter im Klingonischen gibt, in denen es zu Varianten in der Silbenbetonung kommt, das heißt, die betonte Silbe scheint von Situation zu Situation oder von Sprecher zu Sprecher zu wechseln. Dieses Phänomen konnte bis heute nicht ergründet werden, sodass es von

den oben angegebenen Regeln nicht erfasst werden kann. Nichtsdestoweniger garantiert ein Einhalten der oben genannten Regeln im Allgemeinen die richtige Silbenbetonung und Verständlichkeit.
Die Betonung wird in dem im Wörterbuch verwendeten Notationssystem für das Klingonische nicht berücksichtigt.

2. GRAMMATIKALISCHER ÜBERBLICK – EINFÜHRUNG

Es ist im Rahmen eines Buches wie diesem nicht möglich, eine vollständige Übersicht der Grammatik des Klingonischen zu geben. Das Folgende ist nichts anderes als eine Skizze der wesentlichen grammatikalischen Eigenheiten der klingonischen Sprache. Obwohl viele Feinheiten der Sprache keine Berücksichtigung finden, versetzt das Studium der grammatikalischen Einführung den Studenten der Sprache in die Lage, die Äußerungen eines Klingonen zu verstehen und verständliche, wenn auch manchmal etwas ungeschliffene Antworten zu geben. Die meisten Klingonen werden diesen Unterschied jedoch ohnehin nicht bemerken.
Im Klingonischen werden drei Wortarten unterschieden: Nomen, Verben und alles andere.

3. NOMEN

Das Klingonische kennt verschiedene Typen von Nomen oder Substantiven.

3.1 Einfache Nomen

Einfache Nomen sind, ähnlich wie im Deutschen einfache Wörter, z. B. **DoS** *Ziel* oder **QIH** *Zerstörung*.

3.2 Komplexe Nomen

Zusammengesetzte Nomen bestehen, wie der Name bereits sagt, aus mehr als einem Wortelement.

3.2.1 Zusammengesetzte Nomen

Nominal-Komposita sind Wörter, die aus zwei oder drei eigenständigen Nomen zusammengesetzt sind. Das Klingonische ist dem Deutschen in dieser Hinsicht ähnlich, da beide Sprachen sehr reich an solchen Kompositionen sind. Ein Beispiel im Deutschen ist die berühmte Donau-Dampf-Schiff-s-Kapitän-s-Mütze. Ein klingonisches Beispiel wäre **jolpa'** *Transporterraum*. Das Wort besteht aus den beiden Nomen **jol** *Transporterstrahl* und **pa'** *Raum, Zimmer*.

3.2.2 Verben auf -wI'

Der zweite Typ zusammengesetzter Nomen besteht in einem Verb mit einem angehängten Suffix, welches die Bedeutung *jemand/ ein Ding, welches etwas tut/bewirkt* hat. Im Deutschen lautet das entsprechende Suffix *-er*, wie in *Arbeit-er*, jemand der arbeitet oder *Bohr-er*, etwas, das bohrt. Das entsprechende klingonische Suffix erscheint zum Beispiel in **baHwI'** *Schütze*, welches aus dem Verb **baH** *Feuere (einen Torpedo o. Ä.)* und **-wI'** *jemand, der feuert* (z. B. einen Torpedo) besteht. So bedeutet also **baHwI'** *jemand, der einen Torpedo feuert*. **So'wI'** *Tarnvorrichtung* kommt von dem Verb **So'** *verhüllen, tarnen* und **-wI'**. **So'wI'** ist also, in diesem Fall, ein Ding, welches verhüllt oder tarnt.

Ein Nomen, das aus einer solchen Verbindung aus Verb und Suffix besteht, ist ein gewöhnliches Nomen und kann zusammen mit anderen Nomen ein N-Kompositum bilden. Ein Beispiel ist das klingonische Wort **tIjwI'ghom** *Entergruppe*; es besteht aus den Elementen **tIj** *entern, einsteigen*, dem Suffix **-wI'** *jemand, der einsteigt oder entert* und dem Nomen **ghom** *Gruppe*. Wörtlich übersetzt bedeutet **tIjwI'ghom** also *Gruppe von Leuten, die allesamt entern*.

3.2.3 Andere komplexe Nomen

Es existieren im Klingonischen eine ganze Reihe von Nomen, die zwei oder mehr Silben lang sind, die aber nicht in demselben Sinne als N-Komposita gelten, wie diejenigen, die oben beschrieben werden.

Diese Nomen waren möglicherweise einmal als Komposita gebildet worden, aber eines oder alle der hierfür verwendeten Nomen sind in Vergessenheit geraten oder werden als eigenständige Wörter aus anderen Gründen nicht mehr verwendet, sodass es ohne tiefergehende etymologische Forschungen unmöglich ist, zu sagen, was die einzelnen Komponenten des Wortes für sich bedeuten. Ein Beispiel ist das Wort **'ejDo'** *Raumschiff*. Die Silbe **'ej** begegnet uns ebenfalls in **'ejyo'** *Sternenflotte*, doch gibt es keine bekannten klingonischen Wörter **'ej, Do'** oder **yo'**, die irgendetwas mit der Sternenflotte, der Föderation oder wie auch immer gearteten Raumfahrzeugen zu tun hätten. Es ist möglich, dass **Do'** ein altes klingonisches Wort für *Raumschiff* ist (ein modernes Wort hierfür ist **Duj**), das nur noch in dem Begriff **'ejDo'** verwendet wird, doch bleibt dieses ohne weitergehende Untersuchungen natürlich nur eine bare Vermutung.

3.3 Suffixe

Allen Nomen, ob einfache oder zusammengesetzte, können ein oder mehrere Suffixe folgen. Wenn zwei oder mehr Suffixe an einem Nomen verwendet werden, müssen sie in einer festgelegten Abfolge erscheinen. Suffixe können bezüglich ihrer relativen Lage in der Nachfolge des Nomens klassifiziert werden, welche der Einfachheit halber von eins bis fünf durchnummeriert werden können; Suffixe der Klasse 1 folgen direkt dem Nomen, Suffixe der Klasse 2 denjenigen der ersten Klasse, bis hin zu denen des Typs 5, die am Ende des Komplexes erscheinen. Dieses kann wie folgt illustriert werden:

NOMEN-1-2-3-4-5

Wenn kein Suffix der Klasse 1 verwendet wird, folgt ein Suffix der Klasse 2 natürlich direkt dem Nomen, wird nur ein Suffix der Klasse 5 verwendet, erscheint es ebenfalls direkt hinter dem Nomen. Die relative Abfolge wird also nur dann eingehalten, wenn mindestens zwei Suffixe verwendet werden.
Jede Suffixklasse beinhaltet mindestens zwei Suffixe, doch kann in einem Komplex jeweils nur ein Suffix einer Klasse verwendet werden. Ein Nomen kann also zum Beispiel mit einem Suffix der Klasse 4, nicht jedoch mit zwei oder drei Suffixen derselben Klasse 4 verbunden werden.
Die Suffixklassen und die in ihnen enthaltenen Morpheme gliedern sich wie folgt:

3.3.1 Typ 1: Augmentative/Diminutive

-'a' Augmentativ

Dieses Suffix bezeichnet ein Verhältnis des Nomens zu etwas Größerem, Wichtigerem oder Mächtigerem.

SuS *Wind*	**SuS'a'** *starker Wind, Sturm*
Qagh *Fehler*	**Qagh'a'** *großes Versäumnis, unentschuldbarer Fehler*

woQ *Macht, Stärke* **woQ'a'** *letzte, endgültige, ultimative Stärke*

-Hom Diminutiv

Das genaue Gegenteil des augmentativen Suffixes. Es indiziert, dass das Nomen zu seiner Verkleinerung referiert, verkleinert wird, weniger wichtig ist, als wenn es ohne das Suffix auftritt.

SuS *Wind* **SuSHom** *Lufthauch*
roj *Frieden* **rojHom** *Waffenstillstand, vorläufiger Friede*

3.3.2 Typ 2: Numerale

Wie im Deutschen verfügt das Nomen im Klingonischen nicht über ein spezielles Suffix, welches anzeigt, dass es im Singular steht: **nuH** *Waffe* bezeichnet eine einzelne Waffe, gleich welchen Typs. Im Gegensatz zum Deutschen bedeutet der Mangel eines spezifischen Pluralsuffixes nicht, dass das Nomen singularisch verwendet wird. Im Klingonischen kann ein Nomen ohne ein Pluralsuffix auf mehr als eine Entität referieren. Die Pluralität wird entweder durch ein Verbpräfix (siehe Kapitel 4.1), einen eigenständigen Terminus (Kapitel 5.1) oder durch den Kontext angezeigt. Zum Beispiel kann sich das Wort **yaS** *Offizier* auf einen einzelnen Offizier oder eine Gruppe von Offizieren beziehen, in Abhängigkeit von anderen Wörtern im Satz oder vom Gesprächskontext.
Vergleichen Sie die folgenden Beispiele:

yaS vImojpu' *Ich bin Offizier geworden.*
yaS DImojpu' *Wir sind Offiziere geworden.*

yaS jIH *Ich bin (ein) Offizier.*
yaS maH *Wir sind Offiziere.*

Im ersten Satzpaar besteht der einzige Unterschied in den verschiedenen Verbpräfixen (an dieser Stelle nur partiell beschrieben, siehe Kapitel 4.1): **vI-** *Ich*, **DI-** *Wir*. Im zweiten Satzpaar besteht ein Unterschied zwischen den Pronomen: **jIH** *Ich*, **maH** *Wir*. Unter bestimmten Umständen ist der einzige Weg zu entscheiden, ob von einer oder mehreren Entitäten die Rede ist, die Interpretation des Kontexts. So kann **yaS mojpu'** mit *er/sie ist (ein) Offi-*

zier geworden oder *sie sind Offiziere geworden* übersetzt werden. Diejenigen, die an einem Gespräch teilnehmen, in dem dieser Satz verwendet wird, werden vermutlich aus dem Kontext heraus wissen, auf wieviele Personen dieser Satz bezogen werden muss, um seine korrekte Bedeutung erfassen zu können. Glücklicherweise ist es für einen Studenten des Klingonischen niemals falsch, ein Pluralsuffix einem Nomen anzufügen, wenn er sich im Satz auf mehrere Personen beziehen will, auch wenn die Beifügung im klingonischen Sprachgebrauch redundant sein kann. Dementsprechend ist sowohl **yaS maH** als auch **yaSpu' maH** korrekt, beide Sätze haben die Bedeutung *Wir sind Offiziere* (**-pu'** ist ein Pluralsuffix). Auf der anderen Seite kann im Klingonischen kein Pluralsuffix an ein Nomen angehängt werden, welches sich nur auf ein Subjekt bezieht, besonders, wenn der Satz zusätzlich ein Pronomen enthält. Der Satz **yaSpu' jIH** *Ich bin Offiziere* ist im Klingonischen wie in der deutschen Übersetzung gleichermaßen falsch.
Das Klingonische kennt drei verschiedene Pluralsuffixe.

-pu' Pluralsuffix für Lebensformen, die sich einer (gesprochenen) Sprache bedienen.

Dieses Suffix kann verwendet werden, um die Pluralität von Klingonen, Terranern, Romulanern, Vulkaniern usw. anzuzeigen, nicht aber für niedere Tiere aller Art, Pflanzen, unbelebte Objekte, elektromagnetische oder anderer Strahlen, Wellen etc.

yaS *Offizier*	**yaSpu'** *Offiziere*
Duy *Unterhändler (Sing.)*	**Duypu'** *Unterhändler (Pl.)*

-Du' Pluralsuffix für Körperteile.

Dieses Suffix findet Verwendung, wenn es sich auf Körperteile von Lebewesen bezieht, die einer Sprache mächtig sind oder es generell auf alle anderen Tiere verweist.

qam *Fuß*	**qamDu'** *Füße*
tlhon *Nasenloch*	**tlhonDu'** *Nasenlöcher, Nüstern*

-mey Pluralsuffix aller Nomen.

mID *Kolonie* **mIDmey** *Kolonien*
yuQ *Planet* **yuQmey** *Planeten*

Das Suffix kann auch im Zusammenhang mit Lebewesen, die sich einer Sprache bedienen, verwendet werden, also mit Nomen, die den Plural gewöhnlich auf **-pu'** bilden. Ein so verwendetes Suffix bildet eine Konnotation, die man am ehesten mit dem Terminus *überall verstreut, vereinzelt* oder *zerstreut* übersetzen kann. Vergleichen Sie folgende Ausdrücke:

puq *Kind*
puqpu' *Kinder*
puqmey *überall verstreute Kinder*

Das Suffix **-mey** kann nicht im Zusammenhang mit Körperteilen verwendet werden. Es muss angemerkt werden, dass diese grammatikalische Regel von klingonischen Dichtern des Öfteren verletzt wird, um bestimmte Assoziationen in ihren Dichtungen zu provozieren. Formen wie **tlhonmey** *überall verstreute Nasenlöcher,* sind manchmal anzutreffen. Bevor sich Studenten des Klingonischen in der Verwendung solcher Nuancierungen sicher fühlen, ist es anzuraten, sich stets an die grammatikalischen Regeln zu halten.

Zum Schluss bleibt anzumerken, dass es im Klingonischen Nomen gibt, die immer pluralische Bedeutung haben und deshalb niemals Träger eines Pluralsuffixes sind.

ray' *Ziele*
cha *Torpedos*
chuyDaH *Triebwerke*

Die singularischen Formen dieser Nomen unterscheiden sich deutlich von den pluralischen:

DoS *Ziel*
peng *Torpedo*
vIj *Antriebsdüse*

Die Singularformen können zwar Träger des **-mey** Suffixes sein, doch sie tragen dann stets konnotativ die Nebenbedeutung des Verstreutseins.

DoSmey *überall verstreute Ziele*
pengmey *überall verteilte Torpedos*

Nomen mit einem solchen inhärenten Plural werden grammatikalisch als Singularform behandelt, sodass sie z. B. auf Singularpronomen referieren (Kapitel 4.1, 5.1). Zum Beispiel muss in dem Satz **cha yIghuS** *Fertig bei den Torpedos!* oder *Macht die Torpedos zum Feuern bereit!* das Verbpräfix **yI-**, ein Imperativpräfix zur Verwendung gegenüber einzelnen Objekten, verwendet werden, obwohl das Objekt (**cha** *Torpedos*) eine pluralische Bedeutung hat.

3.3.3 Typ 3: Qualifikation

Suffixe dieser Klasse zeigen an, wie sich das Verhältnis des Sprechers gegenüber der Aussage des Nomens verhält, oder, wie sicher der Sprecher ist, dass dieses Nomen adäquat verwendet wird.

-qoq (das) *sogenannte*

Dieses Suffix zeigt an, dass das Nomen in einer falschen oder ironischen Art und Weise verwendet wird. Wenn die Rede von **rojqoq** *sogenannter Frieden* und nicht von **roj** *Frieden* ist, signalisiert der Sprecher, dass der Frieden nicht legitim ist oder wenn, nur von kurzer Dauer sein wird.

-Hey *offenbar, augenscheinlich*

Dieses Suffix gibt die Information, dass der Sprecher sich zwar ziemlich sicher ist, dass das Objekt, worauf das Nomen referiert, akkurat beschrieben ist, er aber trotzdem Zweifel hat. Wenn zum Beispiel der Scanner eines klingonischen Schiffes die Anwesenheit eines Objektes meldet, und der Offizier, der die Nachricht weitergibt, annimmt, es handele sich dabei um ein fremdes Raumschiff, er sich jedoch nicht völlig sicher ist, wird er dieses Objekt eher mit dem Ausdruck **DujHey** *ein anscheinendes Schiff, wahrscheinlich ein Schiff* beschreiben, als es einfach **Duj** *Schiff* zu nennen.

-na' *definitiv, sicherlich*

Das Gegenteil von **-Hey**. Das Suffix zeigt an, dass es für den Sprecher nicht den geringsten Zweifel an der Genauigkeit des von ihm gewählten Ausdrucks gibt. Wenn also derselbe klingonische Offizier wie oben von der Anwesenheit eines Fahrzeugs überzeugt ist, wird er die Präsenz eines **Dujna'** melden, die definitive, unbezweifelbare Anwesenheit eines Schiffes.

3.3.4 Typ 4: Possessivsuffixe/Spezifikation

Die vierte Suffixklasse der Nomen ist mit Abstand die größte, da sie alle besitzanzeigenden und hinweisenden Suffixe enthält.

Die Possessivsuffixe sind:

-wIj *mein*
-lIj *dein*
-Daj *sein, ihr, sein*
-maj *unser*
-raj *euer*
-chaj *ihre*

Als Beispiel: **juH** *Heim, Haus*, **juHwIj** *mein Haus*, **juHlIj** *dein Haus*, **juHchaj** *ihr Haus* etc.
Wenn das Objekt, das besessen wird, ein Lebewesen ist, das in der Lage ist, sich sprachlich zu verständigen, so gibt es im Klingonischen darüber hinaus noch vier weitere Suffixe, für die Besitzer in der zweiten und ersten Person:

-wI' *mein*
-lI' *dein*
-ma' *unser*
-ra' *euer*

Diese Suffixe erscheinen in Ausdrücken wie **joHwI'** *mein Fürst* und **puqlI'** *dein Kind*. Es ist grammatikalisch korrekt, bei der Sprache mächtigen Lebewesen das reguläre Possessivpronomen zu verwenden (wie in **puqlIj** *dein Kind*), aber solche Verwendungen haben im Klingonischen eine verächtliche bis abfällige Konnotation; **joHwIj** für *mein Fürst* berührt nahezu ein Tabu. Studenten des Klingonischen sollten sich dieses stets vor Augen halten.
Um anzuzeigen, dass zwei Nomen in einem Besitzverhältnis zueinander stehen, verwendet das Klingonische kein eigenes Suffix. Die Nomen stehen vielmehr in der Ausdrucksfolge Besitzer – Besitz: **jagh nuH** *Feindes Waffe* (wörtlich *Feind Waffe*). Diese Konstruktion wird auch für Phrasen verwendet, die im Deutschen mit einem Genitivpronomen (*dessen, deren*) übersetzt werden müs-

sen: die *Waffe der Feinde* (siehe hierzu auch Kapitel 3.4). Des Weiteren existieren zwei Suffixe, durch welche die räumliche Nähe des Sprechers zum Referenzobjekt des Nomens spezifiziert wird.

-vam *diese/r/s*

Dieses Suffix zeigt an, dass das Referenzobjekt in unmittelbarer Nähe zum Sprecher situiert ist, oder das so indizierte Nomen den Hauptgegenstand der Konversation bildet.

nuHvam *diese Waffe (hier, direkt bei mir)*
yuQvam *dieser Planet (von dem wir gerade sprechen)*

In Verbindung mit einem pluralischen Nomen (angezeigt durch ein Pluralsuffix oder ein inhärentes Pluralnomen (plurale tantum) wird **-vam** mit *diese* übersetzt.

nuHmeyvam *diese Waffen*

-vetlh *jene/r/s*

Dieses Suffix zeigt an, dass das Referenzobjekt des Nomens nicht in unmittelbarer Nähe situiert ist oder es nicht den untergeordneten Konversationsgegenstand bildet.

nuHvetlh *jene Waffe (dort drüben)*
yuQvetlh *jener Planet (im Gegensatz zu dem, von dem wir gerade sprechen)*

In Verbindung mit einem Nomen im Plural (s. o.) wird **-vetlh** mit *jene* übersetzt.

nuHmeyvetlh *jene Waffen*

Das Klingonische kennt keine äquivalenten Ausdrücke zu *der, die, das* und *ein, eine, eines*. Bei der Übersetzung aus dem Klingonischen müssen diese Wörter aus dem Kontext erschlossen und hinzugefügt werden. In diesem Buch werden sie bei den Übersetzungen hinzugefügt, um den Sätzen im Deutschen eine größtmögliche Glätte zu verleihen.

3.3.5 Typ 5: Syntaktische Markierungen

Die Suffixe dieser Gruppe beschreiben die Funktionen des Nomens im Satz. Wie im Deutschen wird die Verwendung eines Nomens als syntaktisches Subjekt oder Objekt durch seine Position im Satz bestimmt. Im folgenden Beispiel sind beide Sätze aus denselben Wörtern aufgebaut, doch haben sie je nach Wortstellung eine unterschiedliche Bedeutung.

Hunde jagen Katzen.
Katzen jagen Hunde.

Subjekte und Objekte sind im Klingonischen ebenfalls durch die Wortstellung bestimmt (Kapitel 6.1). In anderen Fällen legt das Deutsche die Funktion von Nomen im Satz durch das Hinzufügen von anderen Wörtern, meistens Präpositionen, fest. Im folgenden Satz legt der Ausdruck *um ... herum,* in welchem das Wort *Kanarienvögel* eingebettet ist, fest, dass die Kanarienvögel weder jagen noch gejagt werden:

Hunde jagen Katzen um Kanarienvögel herum.

Das Klingonische kennt gleichermaßen Morpheme, die Nomen in ihrer Satzfunktion spezifizieren, sofern es sich bei dieser nicht um einen Gebrauch als Subjekt oder Objekt des Satzes handelt. Im Gegensatz zum Deutschen wird dieses Morphem als Suffix positioniert.

-Daq Lokativ, Ortsangabe

Dieses Suffix zeigt an, dass etwas in der unmittelbaren räumlichen Gegenwart des nominalen Ausdrucks, an den es angehängt ist, geschieht, geschehen wird oder geschehen ist. Normalerweise wird das **-Daq** kontextabhängig mit den deutschen Präpositionen *hin ... zu, in, an, bei* oder *auf* übersetzt. Zum Beispiel handelt es sich bei dem Ausdruck **pa'Daq** um eine Verbindung von **pa'** *Raum* mit dem Suffix **-Daq**. Der Ausdruck kann zum Beispiel in Sätzen auftreten, wie:

pa'Daq jIHtaH *Ich befinde mich im Zimmer* oder
pa'Daq yIjaH *Gehe zu dem Zimmer!*

Im ersten Satz wird **jIH** *Ich* im Sinne von *Ich bin* (Kapitel 6.3) verwendet, sodass *in* die naheliegendste Übersetzung von **-Daq** ist. Im zweiten Satz wird das Prädikat aus einem Verb der Bewegung **jaH** *gehen* gebildet, sodass **-Daq** hier am sinnvollsten mit *hin ... zu* übersetzt werden kann. Es besteht jedoch keine Verpflichtung, in der Übersetzung eine Präposition zu verwenden. Das klingonische Wort **Dung** bedeutet *darüberliegender Bereich*, sodass **DungDaq** am ehesten mit *hierüber, direkt oben auf* übersetzt werden sollte. In Kapitel 3.4 werden weitere Präpositionalausdrücke vorgestellt werden.
An diesem Punkt muss darauf hingewiesen werden, dass bestimmte Ausdrücke, die im Deutschen durch Adverbien wie *hier, dort* oder *überall* erscheinen, im Klingonischen durch nominale Ausdrücke Verwendung finden: **naDev** *(das) Hierliegende*, **pa'** *(das) Dortliegende*, **Dat** *(das) Überallherumseiende*, etwas eleganter vielleicht *die Gegend im näheren Umkreis, die Gegend im weiter drüben liegenden Umkreis, die Gegend als Ganzes*. Im Gegensatz zu anderen Nomen verbinden sich diese Ausdrücke niemals mit dem Lokativsuffix. Beachten Sie, dass **pa'** *der dort liegende Platz* und **pa'** *Zimmer* gleich artikuliert werden, **pa'Daq** jedoch nur *im Zimmer* oder *hin zu (dem) Zimmer* bedeuten kann.
Es gibt einige wenige Verben, deren Bedeutung eine lokative Konnotation enthält, wie zum Beispiel **ghoS** *vorstoßen*. Nomen, die in einem Satz als Objekte solcher Verben verwendet werden, sind gewöhnlich keine Träger des Lokativsuffixes.

Duj ghoStaH *Es nähert sich dem Schiff.*
yuQ wIghoStaH *Wir bewegen uns auf den Planeten zu.*

Wobei **Duj** *Schiff, Fahrzeug*, **ghoStaH** *es, etwas nähert sich* und **yuQ** *Planet*, **wIghoStaH** *wir bewegen uns auf etwas hin* bedeuten. Wenn das Lokativsuffix mit Verben dieser Art trotzdem verwendet wird, ergibt sich daraus zwar eine Redundanz, doch der Satz ist deswegen grammatikalisch nicht falsch.

DujDaq ghoStaH *Es nähert sich dem Schiff, dem es sich nähert.*

-vo' *von, weg*

Dieses Suffix ähnelt semantisch dem **-Daq**, wird jedoch nur verwendet, wenn die Bewegung in einer Richtung von etwas weg beschrieben werden soll.

pa'vo' yIjaH *Geh aus dem Zimmer; Verlasse den Raum!*

-mo' *wegen*

Dieses Suffix begegnet uns in Sätzen wie:

SuSmo' joqtaH *Es flattert im Wind.*

Das Nomen **SuSmo'** bedeutet *wegen des Windes*, also bedeutet der Satz wörtlich *Es (die Fahne) flattert, weil es windet.*

-vaD *für, bestimmt für, gedacht für*

Dieses Suffix bestimmt seinen nominalen Träger gewissermaßen als Empfänger oder Erleider einer Handlung.

Qu'vaD lI' De'vam *Diese Information ist nützlich für die Mission.*

Das Nomen **Qu'vaD** bedeutet *für die Mission, bestimmt für die Mission* und das Suffix **-vaD** kennzeichnet die Mission als dasjenige, für das etwas (eine Information) eine bestimmte Relevanz hat.

-'e' Topisierung

Das Suffix betont ein Nomen als Träger der Handlung, eines Ausrufes oder einer Feststellung. Im Deutschen wird eine solche Topisierung im Satz entweder durch die bloße Betonung des Wortes oder eine spezielle syntaktische Konstruktion (meist die emphatische Wiederholung) erreicht.

jIlujpu' jIH'e' *Ich, und nur ich, habe versagt.*
Ich bin es, der versagt hat.
De''e' vItlhapnISpu' *Ich habe diese INFORMATION gebraucht!*
Es war die Information, die ich brauchte, und nichts anderes.

Ohne das **-'e'** gäbe es keine besondere Hervorhebung eines Nomens in den Beispielsätzen.

jIlujpu' jIH *Ich habe versagt.*
De' vItlhapnISpu' *Ich habe diese Information gebraucht.*
(Für weitere Verwendungen des **-'e'** siehe Kapitel 6.3)

3.3.6 Relative Ordnung der Suffixe

Wie zuvor bereits angesprochen, müssen die Suffixe, die an einem Nomen verwendet werden, zueinander in einer korrekten Ordnung nach ihren jeweiligen Klassenzugehörigkeiten stehen. Es ist zwar nicht häufig der Fall, dass ein Nomen von fünf Suffixen begleitet wird, doch es kommt von Zeit zu Zeit durchaus vor. Im Folgenden werden einige Beispiele für Nomen mit zwei oder mehreren Suffixen vorgestellt. Die Klassenzugehörigkeit des Suffixes wird durch Nummern angezeigt.

QaghHommeyHeylIjmo' *wegen deiner scheinbar kleinen Fehler*

Qagh	(Nomen)	*Fehler*
-Hom	(1)	Diminutiv
-mey	(2)	Plural
-Hey	(3)	*anscheinend, scheinbar*
-lIj	(4)	*dein, deine*
-mo'	(5)	*weil, wegen*

pa'wIjDaq *in meinem Quartier*

pa'	(Nomen)	*Zimmer, Raum, Quartier*
-wIj	(4)	*mein*
-Daq	(5)	Lokativ

Duypu'qoqchaj *ihre sogenannten Unterhändler*

Duy	(Nomen)	*Unterhändler, Abgesandter*
-pu'	(2)	Plural
-qoq	(3)	*sogenannten*
-chaj	(4)	*ihre*

qamDu'wIjDaq *zu meinen Füßen*

qam	(Nomen)	*Fuß*
-Du'	(2)	Plural
-wIj	(4)	*mein*
-Daq	(5)	Lokativ

rojHom'e ' *Waffenstillstand* (als Gesprächstopos)

roj	(Nomen)	*Frieden*
-Hom	(1)	Diminutiv
-'e'	(5)	Topisierung

In den vorangegangenen Beispielen wurde die Verwendung der Suffixe nur zusammen mit einfachen Nomen beschrieben. Das Gesagte gilt jedoch gleichermaßen für zusammengesetzte Nomen, wie sie in Kapitel 3.2 beschrieben worden sind:

DIvI'may'DujmeyDaq *bei, an den Föderationskampfschiffen*

DIvI'may'Duj	(Nomen)	*Föderationskampfschiff*
-mey	(2)	Plural
-Daq	(5)	Lokativ

baHwI'pu'vam *diese Schützen*

baHwI'	(Nomen)	*Schütze*
-pu'	(2)	Plural
-vam	(4)	*dieser*

3.4 Nomen-Nomen-Verbindungen

Einige Verbindungen von zwei oder mehr Nomen sind im Klingonischen so üblich geworden, dass sie als eigenständige Begriffe gehandhabt werden (Kapitel 3.2.1). Zusätzlich besteht die Möglichkeit, jedes Nomen mit jedem Nomen zu verbinden, sodass ein neuer Begriff entsteht, der jedoch in keinem Wörterbuch verzeichnet ist. Die Übersetzung einer solchen Verbindung wird entweder durch ein Genitivpronomen *deren, dessen* oder durch einen präpositionalen Ausdruck *von dem, für das* realisiert. In der Konstruktion N1-N2 (also Nomen 2 angehängt an Nomen 1) lautete die Übersetzung also *N2 von dem, der N1*. Ein Beispiel: **nuH** *Waffe* wird mit **pegh** *Geheimnis* zu **nuH pegh** *Geheimnis der Waffe* oder alternativ übersetzt *der Waffe Geheimnis*. Wie in Kapitel 3.3.4 handelt es sich hierbei um die klingonische Possessivkonstruktion eines Nomens, das ein zweites „besitzt". Wenn eine solche Nomen-Nomen-Konstruktion verwendet wird, kann nur das Nomen N2 Träger eines Suffixes der syntaktischen Markierung (Typ 5) sein. Beide Nomen können jedoch mit den Suffixen der übrigen Klassen verbunden werden. Drei Beispiele:

nuHvam pegh *Geheimnis dieser Waffe*

nuH	(Nomen)	*Waffe*
-vam	(4)	*diese*
pegh	(Nomen)	*Geheimnis*

jaghpu' yuQmeyDaq *auf, bei den Planeten der Feinde*

jagh	(Nomen)	*Feind*
-pu'	(2)	Plural
yuQ	(Nomen)	*Planet*
-mey	(2)	Plural
-Daq	(5)	Lokativ

puqwI' qamDu' *die Füße meines Kindes*

puq	(Nomen)	*Kind*
-wI'	(4)	*mein*
qam	(Nomen)	*Fuß*
-Du'	(2)	Plural

Präpositionalphrasen werden im Klingonischen ebenfalls durch derartige Nomen-Nomen-Verbindungen ausgedrückt. Präpositionen wie *darüber, über* oder *unter, darunter* sind im Klingonischen Nomen, die am ehesten als *Bereich, Raum darüber* bzw. *darunter* übersetzt werden können. Das Lokativsuffix (Kapitel 3.3.5) folgt stets dem zweiten Nomen:

nagh DungDaq *über dem Felsen*

nagh	(Nomen)	*Felsen*
Dung	(Nomen)	darüber, der darüber liegende Bereich
-Daq	(5)	Lokativ

Etwas freier ausgedrückt, kann der Ausdruck mit *der Raum, der sich über dem Felsen befindet* oder *der Bereich oberhalb des Felsens* übersetzt werden.

4. VERBLEHRE

Die klingonischen Verben sind meistens einsilbige Morpheme, die mit verschiedenen Affixen verbunden werden (können). Ähnlich wie bei den Nomen, kann ein Verb Träger von Suffixen sein, die nach ihrer relativen Lage zueinander in unterschiedliche Klassen gefasst werden, von denen es neun an der Zahl gibt. Im Gegensatz zu den Nomen, kann das Verb jedoch zusätzlich Träger von Präfixen sein. Verwendet man zur Darstellung der Suffixklassen Ziffern, ist die Struktur eines klingonischen Verbs folgendermaßen:

Präfix – Verb(stamm) – 1 – 2 – 3 – 4 – 5 – 6 – 7 – 8 – 9

4.1 Pronominale Präfixe

Jedes klingonische Verb beginnt mit einem Präfix, durch welches angezeigt wird, wer oder was die im Verb beschriebene Handlung ausführt und wenn es relevant ist, wer oder was diese Handlung rezipiert bzw. erleidet. In anderen Worten: Die klingonischen Verbpräfixe verweisen sowohl auf das Subjekt als auch auf das Objekt des Satzes.

4.1.1 Normative Präfixe

Die einfachen und notwendigen Präfixe können in einer Tabelle vorgestellt werden; um die Aussage der Tabelle so deutlich wie möglich zu machen, werden dabei einige Formen wiederholt. Beachten Sie, dass Subjekt und Objekt mit einem einzigen Präfix dargestellt werden.

Objekt / Subjekt	Kein	Mich	Dich	Ihn/ Sie/Es	Uns	Euch	Sie
Ich	**jI-**	–	**qa-**	**vI-**	–	**Sa-**	**vI-**
Du	**bI-**	**cho-**	–	**Da-**	**ju-**	–	**Da-**
Er/Sie/Es	0	**mu-**	**Du-**	0	**nu-**	**lI-**	0
Wir	**ma-**	–	**pI-**	**wI-**	–	**re-**	**DI-**
Ihr	**Su-**	**tu-**	–	**bo-**	**che-**	–	**bo-**
Sie	0	**mu-**	**nI-**	**lu-**	**nu-**	**lI-**	0

Das Symbol 0 bedeutet, dass die an dieser Stelle skizzierte Subjekt-Objekt-Kombination durch die Abwesenheit des Verbpräfixes ausgedrückt wird. Das Symbol – bedeutet eine Subjekt-Objekt-Verbindung, die durch das klingonische Verbpräfix-System nicht ausgedrückt werden kann. Derartige Ausdrücke müssen durch Suffixe (Kapitel 4.2.1) und/oder Pronomen (Kapitel 5.1) umschrieben werden.

Die Präfixe der ersten Spalte der Tabelle (überschrieben mit „Kein") werden verwendet, wenn es kein Referenzobjekt im Satz gibt, also, wenn die Handlung des Verbs sich nur auf das Subjekt des Satzes bezieht. Das Verb **Qong** *schlafen* wird zum Beispiel mit folgenden pronominalen Präfixen verwendet:

jIQong *ich schlafe*
bIQong *du schläfst*
Qong *er, sie, es schläft, sie schlafen*
maQong *wir schlafen*
SuQong *ihr schlaft*

Im Fall von **Qong** *er/sie/es schläft, sie schlafen* würde das bezeichnete Subjekt entweder an anderer Stelle im Satz genannt oder durch den Kontext erschlossen werden müssen.

Die Präfixe der ersten Spalte werden auch verwendet, wenn ein Referenzobjekt zwar möglich, jedoch unbekannt ist oder nur vage ausgedrückt werden soll. So kann der Ausdruck **jIyaj** *Ich verstehe* verwendet werden, wenn der Sprecher die Dinge im Ganzen versteht, wenn er versteht, was gerade passiert oder verstanden hat, was ein anderer Sprecher gerade äußerte. Der Ausdruck wird

also nicht verwendet, wenn der Sprecher eine Sprache oder eine Person „verstanden“ hat. Gleichermaßen kann **maSop** *wir essen* verwendet werden, wenn die Nahrungsaufnahme an sich beschrieben werden soll, nicht jedoch, wenn der Sprecher dabei eine bestimmte Speise im Sinn hat.
Die übrigen Präfixe kombinieren Subjekt und Objekt der Verhandlung. Einige von ihnen werden im Folgenden unter Verwendung des Verbs **legh** *sehen* vorgestellt.

qalegh *ich sehe dich*
vIlegh *ich sehe ihn/sie/es*
ich sehe sie (Pl.)
Salegh *ich sehe euch*
Dalegh *du siehst ihn/sie/es/sie (Pl.)*
julegh *du siehst uns*
legh *er/sie/es sieht ihn, sie, es;*
sie sehen sie (Pl.)

cholegh *du siehst mich*
mulegh *er/sie/es sieht mich;*
sie sehen mich
tulegh *ihr seht mich*
Dulegh *er/sie/es sieht dich*
pIlegh *wir sehen dich*
lulegh *sie sehen ihn, sie, es*

4.1.2 Imperativpräfixe

Imperative, also Verbausdrücke des Befehlens, verwenden besondere Präfixe. Befehle können sich nur an die 2. Person Singular und Plural richten, also an *dich* oder an *euch*.

Objekt	Kein	Ich	Er / Sie/ Es	Wir	Sie
Du	**yI-**	**HI-**	**yI-**	**gho-**	**tI-**
Ihr	**pe-**	**HI-**	**yI-**	**gho-**	**tI-**

Beachten Sie, dass von einer Ausnahme abgesehen, in allen Fällen dasselbe Imperativpräfix verwendet wird, gleichgültig, ob der Befehl an eine oder mehrere Personen gerichtet ist. Die einzige Ausnahme besteht im Fall eines gegebenen Befehls, der sich auf kein Objekt bezieht. In diesen Fällen kommt das Präfix **pe-** zur Anwendung, um einen Befehl an mehrere Personen auszudrücken. In den folgenden Beispielen kennzeichnet das Ausrufungszeichen den imperativischen Charakter des Verbs.

yIQong *Schlafe!*
HIqIp *Schlage mich!*
yIqIp *Schlage ihn/sie/es!*

peQong *Schlaft!*
ghoqIp *Schlage uns!*
tIqIp *Schlagt sie!*

Eine gegen sich selbst gerichtete Aktion eines imperativischen Ausdrucks wird durch das Suffix **-'egh** *sich selbst* (Kapitel 4.2.1) in Kombination mit **yI-** oder **pe-** ausgedrückt.

4.1.3 Notationskonventionen

Als Besonderheit der Notation werden Präfixe, die Subjekt und Objekt anzeigen, als *Subjekt – Objekt* übersetzt, also **qa-** *ich – du*, **DI-** *wir – ihnen* etc. Imperativpräfixe werden gleichermaßen übersetzt, gefolgt von dem Wort *Imperativ(isch)*: **tI-** *imperativisch* als *ihr – ihnen*.
Ebenso werden Präfixe, die auf männlich, weiblich, unbelebt, singularisch oder pluralisch referieren, z. B. **vI-** *ich – ihm/ ihr/ ihm/ ihnen*, zwar korrekt übersetzt, doch für gewöhnlich verzichten die Verfasser auf die Angabe aller Referenzmöglichkeiten, z. B. *ich – ihm/ihr*. Diese Konvention gilt auch für Verben, die Träger dieser Präfixe sind: **vIlegh** *Ich sehe ihn/sie.*

4.2 Verbsuffixe

Das Klingonische kennt neun Typen oder Klassen von Verbsuffixen.

4.2.1 Typ 1: Reflexivkonstruktionen: sich selbst/sich gegenseitig

-'egh *selbst*

Dieses Suffix wird verwendet, um eine Aktion zu beschreiben, in der Sprecher und Objekt identisch sind. Im Deutschen drücken wir ein solches reflexivisches Verhältnis mit der flektierbaren Umschreibung *sich ... selbst* aus. Wenn dieses Suffix verwendet wird, muss die Präfixkennzeichnung „kein Objekt" verwendet werden.

> **jIqIp'egh** *ich schlage mich* (**qIp** *schlagen*)
> **bIqIp'egh** *du schlägst dich*
> **qIp'egh** *er/sie schlägt sich*

Dieses Suffix kann auch mit Imperativverben verwendet werden, ähnlich wie bei den nicht imperativischen muss auch hier das Präfix „Kein Objekt“ vorangestellt werden:

yIja”egh Setze dich selbst davon in Kenntnis! (**ja’** *sagen, in Kenntnis setzen von*)
peja”egh *Sagt es Euch selbst!*

-chuq *gegenseitig*

Dieses Suffix kann nur mit Nomen im Plural als Referenzsubjekt verwendet werden. Es wird mit *gegenseitig* übersetzt. Das Präfix der Anzeige keines Referenzobjekts muss auch bei der Verwendung von **-chuq** stets verwendet werden.

maqIpchuq *wir schlagen uns gegenseitig*
(**qIp** *schlagen*)
SuqIpchuq *ihr schlagt euch gegenseitig*
qIpchuq *sie schlagen sich gegenseitig*
peqIpchuq *Schlagt euch (gegenseitig)!*

4.2.2 Typ 2: Bedarf/Willen

Suffixe dieser Klasse drücken aus, in welchem Willensverhältnis der Sprecher zu der Handlung steht, die durch das Verb ausgedrückt wird, bzw. welche Wahl er hat, die Handlung durchzuführen oder nicht.

-nIS *müssen, nötig sein*

vIleghnIS *Ich muss ihn/sie sehen.* (**legh** *sehen*)
bISopnIS *Du musst essen; es ist notwendig, dass du isst.* (**Sop** *essen*)

-qang *willens sein*

Heghqang *Er/sie ist willens zu sterben.* (**Hegh** *sterben*)
qaja’qang *Ich bin willens, dir zu sagen, dass ...* (**ja’** *sagen, erzählen*)

-rup *bereit sein, vorbereitet sein*

Heghrup *Er/sie ist bereit zu sterben.*
qaleghrup *Ich bin bereit, dich zu sehen.*
nuja'rup *Sie sind vorbereitet, uns zu sagen, dass ...*

-beH *vorbereitet, hochgefahren* (nur in Bezug auf Technologie)

pojbeH *(Das Gerät) ist bereit zur Analyse.*
(**poj** analysieren)
labbeH *(Das Gerät) ist bereit, Daten zu übertragen.* (**lab** *Daten übertragen*)

Anzumerken ist, dass es ein Verb **ghuS** in der Bedeutung *bereit zum Starten, Abfeuern* gibt, das sich niemals mit dem Suffix **-rup** verbindet. Es wird hauptsächlich in Bezug auf das Abfeuern von Torpedos verwendet. Ist kein ausdrückliches Referenzobjekt im Satz genannt oder aus dem Kontext zu erschließen, handelt es sich als Referenzobjekt stets um Torpedos. Entsprechend tragen beide der folgenden Sätze die Bedeutung *Vorbereiten zum Abfeuern der Torpedos!* oder *Klar bei den Torpedos!*

cha yIghuS (**cha** *Torpedos*)
yIghuS

Das Verb **-ghuS** wird auch in Beziehung zu anderen Dingen wie Raketen, Lenkwaffen und verschiedenen Arten von Energiestrahlen (die Torpedos insofern ähnlich sind, als dass sie sich von einem klar definierten Punkt fortbewegen) verwendet. Es wird auch gebraucht, um das Anspannen einer Steinschleuder zu beschreiben. In den meisten anderen Fällen von *vorbereitet sein,* wird das Suffix **-rup** verlangt.

-vIp *befürchten*

choHoHvIp *Du fürchtest dich, mich zu töten.* (**HoH** *töten*)
nuqIpvIp *Sie fürchten sich, uns zu schlagen.* (**qIp** *schlagen*)

Dieses Suffix wird selten zusammen mit einem Präfix der Bedeutung „Ich" oder „Wir" verwendet, obwohl es grammatikalisch korrekt wäre, stellt diese Verbindung ein kulturelles Tabu dar.

4.2.3 Typ 3: Wechsel

Suffixe dieses Typs deuten darauf hin, dass die im Verb beschriebene Handlung zukünftig einen Wechsel oder eine Veränderung gegenüber der ursprünglichen Situation nach sich zieht und diese Veränderung als dauerhaft angenommen wird.

-choH *Zustandsänderung, Richtungsänderung*

maDo'choH *Wir werden Glück haben, wir erleben eine Wendung zum Guten.* (**Do'** *Glück haben)*
ghoSchoH *Er/sie schickt sich an zu gehen, nach irgendwohin fortzubewegen.* (**ghoS** *gehen*)

Der zweite Satz referiert auf eine Situation, in der er/sie sich entweder gar nicht oder im Begriff war, sich in eine andere Richtung zu bewegen. Beachten Sie, dass das Suffix für eine deutsche Übersetzung oftmals durch *werden* oder *beginnen* umschrieben werden muss.

-qa' *wiederaufnehmen, fortfahren*

Die Verwendung dieses Suffixes zeigt an, dass die Handlung stattgefunden hat, unterbrochen wurde und (jetzt) wieder aufgenommen oder fortgesetzt wird.

vInejqa' *Ich fahre mit der Suche fort, ich suche erneut nach ihm/ihr.* (**nej** *suchen*)

4.2.4 Typ 4: Kausalität

-moH *verursachen*

Wird dieses Suffix am Verb verwendet, so wird damit angedeutet, dass das Subjekt des Satzes eine Veränderung einleitet oder neue Konditionen einer bestimmten Situation festlegt.

tIjwI'ghom vIchenmoH *Ich stelle ein Außenteam zusammen.* (**tIjwI'ghom** *Außenteam, Landungsteam,* **chen** *Form annehmen*)

Wörtlich kann dieser Satz übersetzt werden mit *Ich verursache, dass ein Außenteam entsteht.*

HIQoymoH *Lass mich (etwas) hören!* (**Qoy** *hören*)

Wörtlich kann der Satz mit *Mache mich (etwas) hören!* übersetzt werden, wobei beachtet werden muss, dass der Satz nicht verwendet würde, um eine Erlaubnis zu erbitten, sondern einen direkten Befehl ausdrückt. Bei Übersetzungen ins Deutsche sollte man Konstruktionen in denen *verursachen* oder *machen* in dieser Form verwendet werden, möglichst meiden. **chenmoH** *er/sie bringt hervor, gestaltet* kann mit *er/sie verursacht etwas, Form anzunehmen* übersetzt werden, doch eine Übersetzung sollte eher darauf sinnen, den Inhalt zu übertragen, als sich sklavisch an grammatikalischen Rastern entlangzuhangeln. Leser oder Hörer der Texte werden es den Übersetzern danken.

4.2.5 Typ 5: Indefinite Subjekte/Fähigkeit

Die beiden Suffixe dieser Klasse haben semantisch keine Verwandtschaft, sondern werden nur der Einfachheit halber als Typ 5 gefasst. Aus diesem Grund begegnet man keiner Verbform, die sich mit beiden Suffixen zur gleichen Zeit verbindet.

-lu' *indefinites Subjekt*

Das Suffix wird verwendet, um anzuzeigen, dass es sich bei dem Subjekt des Satzes um ein indefinites, unbekanntes und/oder ein allgemeines Konzept handelt. Da das Subjekt also stets gleich und undekliniert bleibt, werden die pronominalen Präfixe (Kapitel 4.1.1) anders verwendet. Die Präfixe, die normalerweise ein Subjekt der ersten oder zweiten Person oder ein singularisches Objekt der dritten Person anzeigen (**vI-, Da-, wI-, bo-**), zeigen in Verbindung mit **-lu'** ein Objekt der ersten oder zweiten Person an. **vI-**, das normalerweise *ich tue etwas ihm/ihr gegenüber* bedeutet, meint also *etwas/jemand tut etwas mir gegenüber*, wenn es gemeinsam mit **-lu'** auftritt. Gleichermaßen bedeutet also das Präfix **lu-** *jemand/etwas tut etwas ihnen gegenüber* und wird nicht wie üblich mit *sie tun etwas ihm/ihr gegenüber* übersetzt.

Daqawlu' *Jemand/etwas erinnert (sich an) dich.*
(**qaw** *erinnern*)

wIleghlu' *Jemand/etwas sieht uns.* (**legh** *sehen*)
Soplu' *Jemand/etwas isst es.* (**Sop** *essen*)

Verben mit **-lu'** werden in der Übersetzung oftmals ins Passiv gesetzt.

Daqawlu' *du wirst erinnert, an dich wird sich erinnert*
wIleghlu' *wir werden gesehen*
Soplu' *es wird gegessen*

In Verbindung mit dem Verb **tu'** *finden, beobachten* und einem singularischen Subjektpronomen der dritten Person (0) wird die so entstandene Verbform **tu'lu'** *jemand/etwas findet es* oft mit *dort ist, sind* übersetzt.

naDev puqpu' tu'lu' *es/dort sind Kinder in dieser Umgebung, jemand/etwas sieht hier Kinder* (**naDev** *in der Umgebung, hier,* **puqpu'** *Kinder*)

-laH *können, in der Lage sein zu*

jIQonglaH *ich kann schlafen* (**Qong** *schlafen*)
choleghlaH *du kannst mich sehen*
nuQaw'laH *er/sie kann uns zerstören* (**Qaw'** *zerstören*)

4.2.6 Typ 6: Qualifikation

Ähnlich den Nomensuffixen des Typs 3 zeigen diese Suffixe an, wie sicher sich der Sprecher über das ist, was im Verb ausgedrückt wird.

-chu' *klar, perfekt*

jIyajchu' *ich verstehe klar, deutlich* (**yaj** *verstehen*)
baHchu' *er/sie hat (den Torpedo) perfekt gefeuert* (**baH** *feuern (einen Torpedo))*

-bej *sicherlich, unzweifelhaft*

chImbej *es ist zweifellos leer* (**chIm** *leer sein*)
nuSeHbej *er/sie ist sicherlich (dabei), uns zu kontrollieren* (**SeH** *kontrollieren*)

-law' *anscheinend, scheinbar*

chImlaw' *es scheint leer zu sein, es ist anscheinend leer*
nuSeHlaw' *er/sie scheint uns zu kontrollieren*

Dieses Suffix drückt eine Unsicherheit auf Seiten des Sprechers aus und kann auch in der Bedeutung *ich denke* oder *ich vermute* verstanden werden. Die beiden vorangehenden Sätze können also auch mit *ich denke, es ist leer* und *ich vermute, dass sie uns kontrollieren* übersetzt werden.

4.2.7 Typ 7: Aspekt

Das Klingonische drückt die grammatikalischen Zeiten oder Zeitfolgen nicht durch eigene Formen aus, sondern erschließt das Zeitverhältnis der im Verb ausgedrückten Handlungen zueinander entweder aus dem Kontext oder durch zugefügte Begriffe wie **wa'leS** *morgen, am morgigen Tag*. Die Sprache ist jedoch in der Lage, bestimmte Aspektierungen zu setzen, sodass eine Handlung entweder als abgeschlossen oder noch nicht beendet, als einfaches Ereignis oder Fortdauerndes verstanden werden muss.
Ist kein Suffix der Klasse 7 gesetzt, zeigt dieses für gewöhnlich an, dass eine Handlung noch andauert oder noch nicht abgeschlossen ist. Verben ohne ein Suffix der Klasse 7 werden in der Übersetzung durch Präsens, Indikativ ausgedrückt.

Dalegh *du siehst ihn/sie* (**legh** *sehen*)
qaja' *ich sage dir* (**ja'** *sagen*)

Wenn der Kontext es zulässt, können Verben ohne Suffix des Typs 7 auch im Futur mit *ich werde* übersetzt werden, doch kommt es dem klingonischen Sprachgefühl näher, eine zukünftige Handlung ebenfalls durch die Präsensform auszudrücken, z. B. wie in *Wir fliegen morgen bei Dämmerung* anstelle von *Wir werden morgen bei Dämmerung fliegen*.

-pu' *perfektiv, abgeschlossen*

Dieses Suffix zeigt an, dass eine Handlung abgeschlossen ist. Im Deutschen wird dieser Aspekt durch die Perfektform des Verbs ausgedrückt: *ich habe etwas getan*.

Daleghpu' *du hast es gesehen*
vIneHpu' *ich habe sie gewollt* (**neH** *wollen*)
qaja'pu' *ich habe dir gesagt* (**ja'** *sagen*)

-ta' *erreicht, geleistet*

Dieses Suffix ähnelt **-pu'**, wird jedoch benutzt, wenn eine Handlung bewusst unternommen wurde, wenn etwas erreicht werden sollte und tatsächlich erreicht worden ist. In einer deutschen Übersetzung wird der Unterschied nur selten deutlich ausgedrückt.

vISuqta' *ich habe es erreicht* (**Suq** *erreichen, bekommen*)
luHoHta' *sie haben ihn/sie getötet* (**HoH** *töten*)

Der zweite Satz würde nicht verwendet werden, wenn die Tötung das Ergebnis eines Angriffs gewesen wäre und es keine Absicht gegeben hätte, eine bestimmte Person zu töten oder die Tötung das Ergebnis eines Unfalls gewesen wäre. In einem solchen Fall würde man das Suffix **-pu'** verwenden:

luHoHpu' *sie haben ihn/sie getötet*

Die Bedeutung von **-ta'** kann auch syntaktisch ausgedrückt werden. Es bedeutet, dass eine bestimmte Verbkonstruktion dem Verb folgen kann, welche dann die beabsichtigte, vollendete Handlung anzeigt. Das dieser Konstruktion zugrundeliegende Verb ist **rIn** *beendet sein, vollendet sein* und es trägt in dieser Verwendung stets das Suffix **-taH** *kontinuierlich* (siehe unten) und das pronominale Suffix der dritten Person (0). Die daraus resultierende Konstruktion **rIntaH** bedeutet wörtlich *es fährt fort, beendet zu sein* oder *es verbleibt beendet.* Sie wird verwendet, um anzuzeigen, dass es sich bei der durch das Verb ausgedrückten Handlung um ein fait accompli handelt: Es ist passiert und kann nicht mehr rückgängig gemacht werden.

luHoH rIntaH *sie haben ihn/sie getötet*
vIje' rIntaH *ich habe es gekauft* (**je'** *kaufen, erwerben*)

Die deutsche Übersetzung von **rIntaH** und **-ta'** ist gewöhnlich dieselbe, der absolute, finale Charakter von **rIntaH** kann oder wird selten gesondert ausgedrückt.

Es muss angemerkt werden, dass **rIntaH** manchmal um des dramatischen Effekts wegen verwendet wird, obwohl die Handlung noch ungeschehen ist oder vorzeitig beendet werden könnte.

-taH *kontinuierlich, fortlaufend*

Das Suffix zeigt den fortlaufenden Charakter der Handlung an.

nughoStaH *es nähert sich uns* (**ghoS** *sich nähern, herankommen, fortfahren*)
yIghoStaH *Kurs beibehalten! Auf diesem Kurs bleiben!*

Beide Sätze drücken eine fortlaufende oder kontinuierliche Handlung aus. Die Bedeutung von **-taH** kann anhand der beiden folgenden Befehle noch deutlicher gemacht werden:

yIjun *Ein Ausweichmanöver einleiten!*
yIjuntaH *Verfolgt (ab jetzt) Ausweichstrategien!*

Im ersten Beispiel wird der Befehl erlassen, ein einmaliges Ausweichmanöver zu unternehmen, im zweiten Beispiel werden eine unbestimmte Anzahl von ausweichenden Manövern (falls nötig) für die nähere Zukunft befohlen – die Handlung setzt sich also (unbestimmt) fort.

-lI' *fortlaufend zum Ziel*

Dieses Suffix ähnelt **-taH** insofern, dass eine fortlaufende Handlung beschrieben wird, im Gegensatz dazu zeigt **-lI'** an, dass diese Handlung ein klar definiertes Ziel oder einen deutlichen Schlusspunkt in der (nahen) Zukunft hat.

chollI' *es nähert sich* (**chol** *näherkommen*)

Dieser Ausdruck würde z. B. für eine sich nähernde Rakete verwendet, wenn dem Sprecher das Ziel der Rakete bewusst ist. Wenn sich eine Rakete nähert, das genaue Ziel jedoch undeutlich ist, wäre **choltaH** (mit **-taH** *kontinuierlich*) der geeignetere Ausdruck.

vIlI'lI' *ich übertrage (Daten)*
(**lI'** *Daten zu einem Ort übertragen*)

Dieser Ausdruck bedeutet, dass sich Daten in einem Prozess der Übertragung befinden, es jedoch eine finite Menge an Daten gibt, sodass dementsprechend auch ein definitives Ende der Übertragung existiert. Die Tatsache, dass das Verb **lI'** und das Suffix **-lI'** lautlich identisch sind, ist nach heutigem Wissensstand reiner Zufall.
Das Suffix **-taH** kann sowohl verwendet werden, wenn es ein klares Ziel der fortlaufenden Handlung gibt als auch dann, wenn dieses Ziel unbekannt ist. **-lI'** kann im Gegensatz dazu nur dann benutzt werden, wenn ein klares Ziel der andauernden Verbhandlung auszumachen ist. Man kann also **-lI'** als ein kontinuierliches Gegenstück zu **-ta'** und **-taH** als ein ebensolches Gegenstück zu **-pu'** definieren.

4.2.8 Typ 8: Ehrbezeugung

-neS *Ehre, geehrt*

Diese Klasse umfasst nur ein Suffix, durch welches extreme Höflichkeit oder Unterwürfigkeit ausgedrückt wird. Es findet nur Verwendung, wenn der Sprecher sich an jemanden wendet, der in der klingonischen sozialen, politischen oder militärischen Hierarchie (weit) über ihm selbst steht. Der Gebrauch des Suffixes ist jedoch keine Pflicht.

qaleghneS *Ich fühle mich geehrt, dich (Euch als pluralis majestatis in der Übersetzung) zu sehen.*
HIja'neS *Ehrt mich, indem ihr mir sagt...*

Der Gebrauch dieses Suffixes unterliegt bei Klingonen starken Schwankungen.

4.2.9 Typ 9: Syntaktische Markierungen

Ähnlich den Nomensuffixen des Typs 5 (Kapitel 3.3.5), charakterisieren diese Suffixe die Funktion des Verbs im Satz. Die ersten sechs dieser Suffixe werden an dieser Stelle kurz vorgestellt, doch in Kapitel 6 noch einmal genauer bestimmt.

-DI' *sobald als*

DaSeHDI' *sobald du es kontrollierst* (**SeH** *kontrollieren*)
qara'DI' *sobald ich es dir befehle* (**ra'** *kommandieren, befehlen*)

-chugh *wenn, falls*

DaneHchugh *wenn du sie willst* (**neH** *wollen, begehren)*
choja'chugh *wenn du mir sagst* (**ja'** *sagen, berichten)*

-pa' *bevor, zuvor*

choja'pa *bevor du es mir sagst*
qara'pa' *bevor ich dir befehle*

-vIS *während*

Dieses Suffix wird immer gemeinsam mit dem Typ 7 Suffix **-taH** *kontinuierlich, andauernd* verwendet.

SutlhtaHvIS *während sie verhandeln* (**Sutlh** *verhandeln*)
bIQongtaHvIS *während du schläfst* (**Qong** *schlafen*)

-bogh *welches*

Bei diesem Suffix handelt es sich um die Markierung eines Relativsatzes. Für eine genauere Beschreibung siehe Kapitel 6.2.3.

-meH *um zu, damit*

Eine Markierung für den Finalsatz. (Kapitel 6.2.4)

-'a' *Interrogation*

Dieses Suffix zeigt an, dass es sich bei dem Satz um eine Frage mit den Antwortmöglichkeiten „ja" oder „nein" handelt (Kapitel 6.4).

cholegh'a' *Siehst du mich?* (**legh** *sehen*)
yaj'a' *Versteht er/sie?* (**yaj** *verstehen*)

(Alle Fragen anderer Art benötigen spezielle Fragewörter, siehe Kapitel 6.4).

-wI' *jemand/etwas das tut*

Dieses Suffix wurde bereits in Kapitel 3.2.2 beschrieben, es verwandelt das Verb in ein Nomen.

So'wI' *Tarnvorrichtung* (**So'** *tarnen, bekleiden*)
baHwI' *Schütze* (**baH** *feuern, abschießen (einen Torpedo)*)
joqwI' *Fahne/Flagge* (**joq** *flattern*)

4.2.10 Relative Ordnung der Suffixe

Wie bei den Nomen müssen die Suffixe, die an einem Verb verwendet werden, in einer bestimmten Ordnung in Abhängigkeit ihrer Klassenzugehörigkeit erscheinen. Es darf niemals mehr als ein Suffix pro Klasse verwendet werden. Bis jetzt wurden keine Beispiele für den Gebrauch von neun Suffixen gefunden, doch ein solcher ist theoretisch denkbar. Einige wenige Beispiele sollten genügen, um die Ordnung der Suffixtypen am Verb zu illustrieren.

nuHotlhpu''a' *Haben sie uns gescannt?*

nu-	(Präfix)	*sie – uns*
Hotlh	(Verb)	*scannen*
-pu'	(7)	Perfektiv
-'a'	(9)	Interrogativ

Qaw''eghpu' *er/sie zerstörte sich selbst*

0	(Präfix)	*er/sie*
Qaw'	(Verb)	*zerstören*
-'egh	(1)	*sich selbst*
-pu'	(7)	Perfektiv

wIchenmoHlaH *wir können es erschaffen*

wI-	(Präfix)	*wir – es*
chen	(Verb)	*Form annehmen*
-moH	(4)	*verursachen*
-laH	(5)	*können, in der Lage sein*

Daqawlu'taH *man wird sich an dich erinnern*

Da-	(Präfix)	*du – ihm/ihr*
qaw	(Verb)	*erinnern*
-lu'	(5)	Indefinites Subjekt
-taH	(7)	kontinuierend

vItlhapnISpu' *ich musste ihn/sie nehmen, es war nötig, dass ich ihn/sie nehme*

vI-	(Präfix)	*ich – ihm/ihr*
tlhap	(Verb)	*nehmen*
-nIS	(2)	*müssen, brauchen*
-pu'	(7)	Perfektiv

HeghqangmoHlu'pu' *es brachte ihn/sie dazu, sterben zu wollen*

0	(Präfix)	*er/sie – ihm/ihr*
Hegh	(Verb)	*sterben*
-qang	(2)	*wollen, anstreben*
-moH	(4)	*verursachen*
-lu'	(5)	Indefinites Subjekt
-pu'	(7)	Perfektiv

maghoSchoHmoHneS'a' *Dürfen wir einem (neuen) Kurs (zu irgendeinem Platz) folgen(, Sir)?*

ma-	(Präfix)	*wir*
ghoS	(Verb)	*einem Kurs folgen*
-choH	(3)	*ändern*
-moH	(4)	*verursachen*
-neS	(8)	Ehrbezeugung
-'a'	(9)	Interrogativ

4.3 Wanderer

Zusätzlich zu den genannten, kennt das Klingonische weitere Verbsuffixe, die von klingonischen Grammatikern **lengwI'mey** *Wanderer, Streuner* (von **leng** *fahren, reisen*, **-wI'** *etwas, das etwas tut* und **-mey** *Plural*) genannt werden. Suffixe dieser Klasse haben keine feste Position in Relation zu den anderen Suffixen, sondern können an jeder Position erscheinen, außer nach einem Suffix des Typs 9. Ihre Position ist bedingt durch die Bedeutung, die der Sprecher intendiert. Es gibt zwei Gruppen innerhalb der Wanderer, die negativen und die emphatischen.

-be' *nicht*

Dieses ist das allgemeine Negationssuffix, es kann mit *nicht* übersetzt werden und folgt dem Konzept, welches negiert werden soll.

vIlo'laHbe' *sie sind für mich nutzlos, ich kann sie nicht gebrauchen*

vI-	(Präfix)	*ich – ihnen*
lo'	(Verb)	*verwenden, gebrauchen*
-laH	(5)	*können, in der Lage sein zu*
-be'	(Wanderer)	*nicht*

jISaHbe' *es ist mir gleich (welche Art Aktion folgen wird)*

jI-	(Präfix)	*ich*
SaH	(Verb)	*kümmern, angehen*
-be'	(Wanderer)	*nicht*

qay'be' *kein Problem, es ist kein Problem* (Exklamation)

0	(Präfix)	*er/sie/es*
qay'	(Verb)	*ein Problem, eine Belastung sein*
-be'	(Wanderer)	*nicht*

Der Wander-Charakter von **-be'** kann in den folgenden Beispielen am besten gezeigt werden:

choHoHvIp *Du fürchtest dich, mich zu töten.*
choHoHvIpbe' *Du fürchtest dich nicht, mich zu töten.*
choHoHbe'vIp *Du fürchtest dich davor, mich nicht zu töten.*

cho-	(Präfix)	*du – mich*
HoH	(Verb)	*töten*
-vIp	(2)	*fürchten, befürchten*
-be'	(Wanderer)	*nicht*

Im zweiten Satz folgt der Wanderer **-vIp**, wodurch dieses Suffix negiert wird und in der Übersetzung die Bedeutung *nicht fürchten* bekommt. Im dritten Satz folgt **-be'** als Wanderer **HoH** und negiert dadurch diesen Ausdruck, wodurch die Übersetzung hier also *nicht töten* lautet.
Das Suffix **-be'** kann nicht mit Imperativverben gebraucht werden, für diese muss das folgende, semantisch ähnliche Suffix verwendet werden.

-Qo' *Nicht! Tu es nicht!*

Dieses Negativsuffix wird in imperativischen Ausdrücken und Phrasen der Ablehnung verwendet.

yIja'Qo' *Erzähle ihm/ihr nichts!*

yI-	(Präfix)	*du – ihm/ihr* (imperativisch)
ja'	(Verb)	*sagen*
-Qo'	(Wanderer)	*nicht tun, unterlassen*

choja'Qo'chugh *Wenn du es mir nicht erzählst, wenn du dich weigerst, es mir zu erzählen*

cho-	(Präfix)	*du – mir*
ja'	(Verb)	*sagen, erzählen*
-Qo'	(Wanderer)	*nicht tun, unterlassen*
-chugh	(9)	*wenn, falls*

HIHoHvIpQo' *Fürchte dich nicht, mich zu töten!*

HI-	(Präfix)	*du – mir* (imperativisch)
HoH	(Verb)	*töten*

-vIp	(2)	*fürchten, befürchten*
-Qo'	(Wanderer)	*nicht tun, unterlassen*

Im Gegensatz zu **-be'** ändert sich die relative Position von **-Qo'** niemals. Es steht stets an letzter Position, es sei denn, ein Suffix des Typs 9 wird (an letzter Stelle) gesetzt. Trotzdem fällt es unter die Kategorie Wanderer, da es das imperativische Gegenstück zu **-be'** ist.

-Ha' *ungeschehen machen, zunichte machen*

Dieses negative Suffix impliziert weniger, dass etwas nicht getan wird (wie **-be'**), sondern zeigt eher einen Statuswechsel an: Etwas, das davor geschehen war, wird nun ungeschehen gemacht. Der Einfachheit halber wird es mit *ungeschehen machen* übersetzt, doch es steht semantisch den deutschen Präfixen *de-*, *un-* und *miss-* (wie in *de-konstruieren, miss-brauchen* und *un-kenntlich machen*) näher. Das Suffix wird zusätzlich verwendet, wenn etwas falsch gemacht worden ist. Im Gegensatz zu **-be'** kann es uns auch in Imperativkonstruktionen begegnen.

chenHa'moHlaH *es kann sie zerstören*

0	(Präfix)	*er/sie/es*
chen	(Verb)	*Form annehmen*
-Ha'	(Wanderer)	*ungeschehen machen*
-moH	(4)	*verursachen*
-laH	(5)	*können, in der Lage sein zu tun*

Dieses Verb bedeutet wörtlich in etwa *es kann sie dazu bringen, dass ihre Form ungeschehen gemacht wird.*

yIchu'Ha' *Deaktiviere es!*

yI-	(Präfix)	*du – es* (imperativisch)
chu'	(Verb)	*aktivieren*
-Ha'	(Wanderer)	*ungeschehen machen*

bIjatlhHa'chugh *Wenn du das Falsche sagst.*

bI-	(Präfix)	*du*

jatlh	(Verb)	*sagen*
-Ha'	(Wanderer)	*ungeschehen machen*
-chugh	(9)	*wenn*

Das zweite Beispiel zeigt die Verwendung von **-Ha'** im Sinne von *falsch* oder *fälschlich*. Das Wort kann wörtlich mit *wenn du widersprichst* übersetzt werden. Verwendete man **-be'** (bei diesem Ausdruck also **bIjatlhbe'chugh**), wäre die Bedeutung: *Wenn Du nicht sprichst*.

Do'Ha'*unglücklicherweise, es ist ungünstig*

0	(Präfix)	*er/sie/es*
-Do'	(Verb)	*Glück haben*
-Ha'	(Wanderer)	*ungeschehen machen*

Die Verwendung von **-Ha'** in diesem Satz beschreibt also einen Wechsel vom Glücklichen (Guten) zum Schlechten.
Es ist eine interessante Tatsache, dass **-Ha'** stets direkt auf das Verb folgt. Warum klingonische Grammatiker trotzdem darauf bestehen, es in die Klasse der Wanderer einzuordnen, ist bis jetzt noch unbekannt, und der Autor möchte sich an dieser Stelle nicht in die klingonische Tradition einmischen, sodass **-Ha'** in diesem Buch unter die Wanderer gezählt wird.

-qu' emphatische Äußerung

Dieses Suffix bestätigt oder betont dasjenige, auf das es folgt.

yIHaDqu' *studiere ihn/sie sorgfältig*

yI-	(Präfix)	*du – ihm/ihr* (imperativisch)
HaD	(Verb)	*studieren*
-qu'	(Wanderer)	Emphase

nuQaw'qu'be' *sie haben uns noch nicht zerstört*

nu-	(Präfix)	*sie – uns*
Qaw'	(Verb)	*zerstören*
-qu'	(Wanderer)	Emphase
-be'	(Wanderer)	*nicht*

Der Wanderer-Charakter von **-qu'** kann anhand der folgenden Beispiele verdeutlicht werden:

pIHoHvIpbe'qu' *Wir fürchten uns NICHT, euch zu töten.*
pIHoHvIpqu'be' *Wir FÜRCHTEN uns nicht, euch zu töten.*
pIHoHqu'vIpbe' *Wir fürchten uns nicht, euch zu TÖTEN.*

pI-	(Präfix)	*wir – euch*
HoH	(Verb)	*töten*
-vIp	(2)	*fürchten*
-be'	(Wanderer)	*nicht*
-qu'	(Wanderer)	Emphase

Der erste Satz kann zum Beispiel gegenüber einem Feind angewendet werden, der die Tapferkeit des Sprechers einer Gruppe angezweifelt hat. Der zweite Satz kann in einer Situation geäußert werden, in der er einer Erklärung folgt wie „Wir werden Euch nicht töten, weil Ihr für uns nützlich seid.“ Der dritte Satz ist in einer Situation denkbar, in der über verschiedene Arten der Bestrafung reflektiert wird, die Todesstrafe jedoch nicht ausgeschlossen ist.
Der Wanderer **-qu'** folgt auch Verben, wenn diese adjektivisch geäußert werden (Kapitel 4.4).

4.4 Adjektive

Das Klingonische kennt keine Adjektive. Für beschreibende Ausdrücke, welche die inhärenten Merkmale von Subjekten ausdrücken, verwendet das Klingonische Verben in einem Ausdruck mit der Kopula „sein“, also *müde sein*, *traurig sein* etc.
Ein Verb, das den Status oder die Qualität eines Nomens beschreibt, kann direkt auf das Nomen folgen, das durch den Ausdruck beschrieben werden soll.

puq Doy' *müdes Kind*

puq *Kind*
Doy' *müde sein*

Dujmey tIn *große Schiffe*

Dujmey *Schiffe, Fahrzeuge*
tIn *groß sein*

Der Wanderer **-qu'** „Emphase“ (Kapitel 4.3) kann Verben in adjektivischer Verwendung folgen. Bei dieser Verwendungsweise wird es für gewöhnlich mit *sehr* übersetzt.

Dujmey tInqu' *sehr große Schiffe*

wanI' ramqu' *ein sehr unwichtiges Ereignis*

wanI' *Ereignis, Geschehen*
ram *trivial, unwichtig sein*

Wenn ein Suffix des Typs 5 verwendet wird (Kapitel 3.3.5), folgt es dem Verb, das, wenn es adjektivisch gebraucht wird, kein anderes Suffix außer dem Wanderer **-qu'** „Emphase“ tragen kann. Das Nomensuffix Typ 5 folgt dem **-qu'**.

veng tInDaq *in der großen Stadt*

veng *Stadt*
tIn *groß sein*
-Daq Lokativ

veng tInqu'Daq *in der sehr großen Stadt*

5. ANDERE WORTARTEN

Der mit Abstand größte Teil des klingonischen Wortschatzes setzt sich aus Verben und Nomen zusammen. Darüber hinaus existieren eine Reihe von Wörtern, die von klingonischen Grammatikern in eine Gruppe von **chuvmey** *Übrigbleibende* zusammengefasst werden. Es ist jedoch möglich, die **chuvmey** genauer zu klassifizieren.

5.1 Pronomen

Ergänzend zu den Possessivsuffixen an Nomen (Kapitel 3.3.4) und den pronominalen Präfixen der Verben (Kapitel 4.1), konnten neun weitere Pronomen ausfindig gemacht werden, bei denen es sich um eigene Wörter handelt.

jIH *ich, mir*
SoH *du, dir*
ghaH *er/sie, ihm/ihr*
'oH *es*
'e' *das*
net *das*
maH *wir, uns*
tlhIH *ihr, euch*
chaH *sie, ihnen*
bIH *sie, ihnen*

Das Pronomen **chaH** *sie* wird dann verwendet, wenn Sie auf eine Gruppe von Lebewesen hinweisen, die der Sprache mächtig ist; anderenfalls wird **bIH** *sie* verwendet.
Die Pronomen **'e'** und **net** werden nur in bestimmten Satzkonstruktionen verwendet (Kapitel 6.2.5).

Das Klingonische kennt kein grammatisches Geschlecht. Das Pronomen in der dritten Person Singular muss also entsprechend dem Kontext mit *er* oder *sie* übersetzt werden.
Pronomen können anstelle von Nomen verwendet werden, doch nur um eine bestimmte Emphase auszudrücken oder um dem Satz eine größere Eindeutigkeit zu verleihen. Die Verwendung von Pronomen ist fakultativ, doch die nun folgenden Sätze sind alle grammatikalisch korrekt.

yaS vIlegh jIH **yaS vIlegh**	*Ich sehe die Offiziere.*
jIH mulegh yaS **mulegh yaS**	*Der Offizier sieht mich.*
ghaH vIlegh jIH **ghaH vIlegh** **vIlegh jIH** **vIlegh**	*Ich sehe ihn/sie.*

(**yaS** *Offizier*, **vIlegh** *ich sehe ihn/sie*, **mulegh** *er/sie sieht mich*)

Die letzten beide Sätze (**vIlegh jIH**, **vIlegh**) sind faktisch ambig. Sie können ebenso mit *ich sehe sie* (das Verbpräfix **vI-** hat sowohl die Bedeutung *ich – ihn/sie* als auch *ich – ihnen)* übersetzt werden. Wenn sich die genaue Bedeutung nicht aus dem Kontext erschließen lässt, können Pronomen den Satz eindeutig machen.

ghaH vIlegh *Ich sehe ihn/sie.*
chaH vIlegh *Ich sehe sie.*

In Possessivkonstruktionen können Pronomen nicht anstelle von Nomen verwendet werden, stattdessen werden in derartigen Sätzen Possessivsuffixe (Kapitel 3.3.4) benutzt.
Schließlich können Pronomen auch als Verb verwendet werden und stehen dann in der Bedeutung *ich bin* (Kapitel 6.3).

5.2 Numerale

Die Klingonen verwendeten ursprünglich ein ternäres Zahlsystem, also ein System, welches auf der Zahl 3 basierte. Gezählt wurde

nach dem System 1, 2, 3; 3+1, 3+2, 3+3; 2*3+1, 2*3+2, 2*3+3; 3*3+1, 3*3+2, 3*3+3, hiernach wird es kompliziert. Vor ungewisser Zeit hat das klingonische Imperium jedoch das weiter verbreitete Dezimalsystem übernommen.
Obwohl diese Vermutung nicht abgesichert ist, ist es jedoch wahrscheinlich, dass diese Übernahme eher zum Zweck des Verständnisses von fremden wissenschaftlichen Daten und Technologien stattgefunden hat als zum Zweck der Kooperation.
Die klingonischen Zahlen sind:

1 **wa’**	6 **jav**
2 **cha’**	7 **Soch**
3 **wej**	8 **chorgh**
4 **loS**	9 **Hut**
5 **vagh**	10 **wa’maH**

Die Zahlen größer als zehn werden gebildet, indem ein spezielles zahlenbildendes Element den Grundzahlen (1–9) beigefügt wird. So besteht **wa’maH** *zehn* aus **wa’** *eins* und dem zahlenbildenden Element für *zehn*, **maH**. Die Zahlen über zehn werden also gebildet wie folgt:

11	**wa’maH wa’**	(zehn und eins)
12	**wa’maH cha’**	(zehn und zwei) etc.

Höhere Zahlen basieren auf **maH** *zehn*, **vatlh** *hundert* und **SaD** oder **SanID** *tausend*. **SaD** und **SanID** sind gleichermaßen korrekt, um die Zahl tausend auszudrücken und erscheinen ungefähr mit der gleichen Frequenz im gesprochenen und geschriebenen Klingonisch. Es ist bis jetzt unbekannt, warum es nur für diese Zahl zwei Varianten gibt.

20	**cha’maH**	(zweimal zehn)
30	**wejmaH**	(dreimal zehn) etc.
100	**wa’vatlh**	(einmal hundert)
200	**cha’vatlh**	(zweimal hundert) etc.
1000	**wa’SaD** oder **wa’SanID**	(einmal tausend)
2000	**cha’SaD** oder **cha’SanID**	(zweimal tausend)

Die Zahlen werden kombiniert wie im Deutschen:

5347 **vaghSaD wejvatlh loSmaH Soch** oder
vaghSanID wejvatlh loSmaH Soch
604 **javvatlh loS**
31 **wejmaH wa'**

Andere zahlenbildende Elemente für höhere Zahlen sind:

zehntausend **netlh**
hunderttausend **bIp**
Million **'uy'**
Null ist **pagh**

Zahlen werden syntaktisch verwendet wie Nomen. Als solche können sie als Subjekte oder Objekte allein stehen oder ein anderes Nomen modifizieren.

mulegh cha' *Zwei (von ihnen) sehen mich* (**mulegh** *sie sehen mich*, **cha'** *zwei*)
wa' yIHoH *Töte einen (von ihnen)!* (**wa'** *eins*, **yIHoH** *töte ihn/sie!*)

Der vorhergehende Satz ist grammatikalisch auch ohne das **wa'** korrekt, da das Präfix **yI-** ein singuläres Objekt indiziert. Das **wa'** wird also nur zum Zweck der Emphase artikuliert.
Zahlen, die ein Nomen modifizieren, stehen stets vor diesem.

loS puqpu' oder **loS puq** *vier Kinder*
vaghmaH yuQmey oder **vaghmaH yuQ** *fünfzig Planeten*

Die Pluralsuffixe (**-pu'**, **-mey**) sind nicht notwendig, wenn eine Zahl das Nomen modifiziert.
Wenn eine Zahl zur Nummerierung anstatt zur Aufzählung verwendet wird, folgt sie dem Nomen. Vergleiche:

DuS wa' *Torpedorohr Nummer 1*
wa' DuS *ein Torpedorohr*

Ordinalzahlen (der erste, der zweite etc.) werden gebildet, indem **-DIch** an das Zahlwort angehängt wird.

wa'DIch *der erste*
cha'DIch *der zweite*
HutDIch *der neunte*

Ordinalzahlen folgen dem Nomen:

meb cha'DIch *der zweite Gast*

Wird **-logh** einem Zahlwort angehängt, drückt diese Verbindung eine Repetition aus.

wa'logh *einmal*
cha'logh *zweimal*
Hutlogh *neunmal*

In Sätzen nehmen diese Zahlen die Funktion von Adverbialen an (Kapitel 5.4).

5.3 Konjunktionen

Es gibt zwei Arten von Konjunktionen: diejenigen, die Nomen und diejenigen, die Sätze verbinden. Die Bedeutung der Konjunktionen bleibt jedoch dieselbe.

Wort verbindend	Satz verbindend	
je	**'ej**	*und*
joq	**qoj**	*und/oder*
ghap	**pagh**	*entweder/oder*

Konjunktionen, die Wörter verbinden, erscheinen hinter dem letzten Nomen.

DeS 'uS je *ein Arm und ein Bein*
DeS 'uS joq *ein Arm oder ein Bein oder beides*
DeS 'uS ghap *entweder ein Arm oder ein Bein* (aber nicht beide)

Die Nomenkonjunktion **je** hat eine zusätzliche Funktion: Wenn sie einem Verb folgt, bedeutet sie *auch, dazu.*

qaleghpu' je *Ich sah dich auch*

Wie im Deutschen ist die Bedeutung eines solchen Satzes ambig:

Ich und andere sahen dich oder *ich sah dich unter anderen*. Die genaue Bedeutung erschließt sich üblicherweise aus dem Kontext. Zusätzlich zu den drei oben genannten, gibt es noch eine weitere Satzkonjunktion.

'ach *aber, jedoch*

Dieses Wort wird manchmal zu **'a** abgekürzt.
Die Konjunktionen, die Sätze verbinden, erscheinen zwischen diesen. Beispiele folgen in Kapitel 6.2.1.

5.4 Adverbiale

Diese Wörter erscheinen gewöhnlich zu Anfang von Sätzen und beschreiben die Art und Weise der in ihnen ausgedrückten Aktivität.

batlh	*mit Ehre, auf eine geehrte Weise*
bong	*versehentlich, unbeabsichtigt*
chaq	*vielleicht*
chIch	*mit Absicht, absichtlich*
DaH	*jetzt*
Do'	*mit Glück, glücklicherweise*
loQ	*ein wenig*
nom	*schnell*
not	*niemals*
pay'	*plötzlich*
pIj	*oft, oftmals*
QIt	*langsam*
reH	*immer*
rut	*manchmal*
tugh	*bald*
vaj	*so, also, in diesem Fall*
wej	*noch nicht*

Beispiele:

bong yaS vIHoHpu' *Ich tötete den Offizier aus Versehen.* (**yaS** *Offizier*, **vIHoHpu'** *ich tötete ihn/sie*)

batlh Daqawlu'taH *Man wird sich an dich mit Ehrerbietung erinnern.*
(**Daqawlu'taH** *jemand fährt fort, sich an dich zu erinnern*)
vaj Daleghpu' *Dann hast du es gesehen.*
(**Daleghpu'** *du hast es gesehen*)
wej vIlegh *Ich sehe ihn/sie noch nicht.*
(**vIlegh** *ich sehe ihn/sie*)

Ein Wort passt nur bedingt in diese Kategorie:

neH *nur, bloß, lediglich*

Im Gegensatz zu den anderen Adverbialen folgt dieses Wort dem Verb, das es modifiziert. Der semantische Effekt besteht in einer Verminderung oder Trivialisierung der Verbhandlung:

qama' vIqIppu' neH *Ich habe lediglich den Gefangenen geschlagen.*
(**qama'** *Gefangener*, **vIqIppu'** *ich schlug ihn/sie*)
Duj yIQotlh neH *Macht das Schiff nur kampfunfähig!*
(**Duj** *Schiff, Fahrzeug*, **yIQotlh** *ausschalten, kampfunfähig machen*)

Die Verwendung von **neH** im vorhergehenden Satz impliziert, dass das Schiff beschädigt, jedoch nicht zerstört werden soll. Ein weiterer Unterschied zu den anderen Adverbialen besteht darin, dass **neH** auch einem Nomen folgen kann. In einem solchen Fall nimmt es die Bedeutung *nur, allein* an.

yaS neH *nur der Offizier, der Offizier allein*
jonta' neH *nur die Maschine*

Adverbiale werden manchmal auch allein verwendet und nehmen dann die Bedeutung von Exklamationen (Kapitel 5.5) an.
Zum Beispiel:

nom *Bewegt euch schnell! Schneller!*
wej *Tu das noch nicht!*
tugh *Schneller! Bewegt euch!*

5.5 Exklamationen

Folgende Ausdrücke werden in Sätzen alleinstehend verwendet:

ghobe' *Nein.* (Als Antwort auf eine Frage)
Ha' *Lasst uns gehen! Kommt schon!*
HIja' oder **HISlaH** *Ja.* (Als Antwort auf eine Frage)
lu' oder **luq** *Ja. Okay. Werde ich tun.*
maj *Gut.* (Ausdruck von Zufriedenheit)
majQa' *Sehr gut. Gut gemacht.*
nuqneH *Was willst du?* (Gruß)
pItlh *Gemacht! Fertig!*
Qo' *Nein. Ich lehne ab. Werde ich nicht (tun).*
SuH oder **Su'** *Fertig!*
toH *Aha! So!*
wejpuH *Entzückend.* (nur ironisch verwendet)
'eH *Fertig!*

HIja' und **HISlaH** scheinen im Gebrauch austauschbar. **SuH**, **Su'** und **'eH** bedeuten alle, dass der Sprecher sich anschickt, einen Befehl zu geben. Sie sind zu vergleichen mit dem Ausruf „Fertig!“ zu Beginn eines Rennens: Achtung! Fertig! Los! **SuH** und **Su'**, jedoch nicht **'eH** können auch benutzt werden, um anzuzeigen, dass der Sprecher sich anschickt, etwas zu tun, oder dass Vorbereitungen für etwas gemacht worden sind. Manche Sprecher des Klingonischen betonen **SuH** wie **SSS**, ähnlich der deutschen Anweisung leise zu sein *SchScht!*
pItlh findet oft Verwendung für *Es ist geschafft!*, *Ich habe es getan!*, *Alles klar!* etc. Der Ausdruck **toH** entspricht ungefähr dem deutschen *Aha!*.
In die Kategorie der Ausrufe fallen natürlich auch die klingonischen Flüche, von denen bis jetzt jedoch nur drei bekannt sind:

QI'yaH **?!#@*
ghuy'cha' **@$%*
Qu'vatlh *#*@!*

5.6 Namen und Anreden

Klingonische Namen werden von Nicht-Klingonen oftmals falsch ausgesprochen. Wenn sie in den Notationssystemen anderer Sprachen vorliegen, endet dieses für gewöhnlich damit, dass die eigentliche Aussprache nur noch erraten werden kann. Zum Beispiel wird das klingonische Phonem **tlh** zu Beginn eines Wortes im deutschen Notationssystem oft *kl* geschrieben, weil der Laut **tl** nicht zu Beginn eines deutschen Wortes erscheinen kann. Ähnlich verhält es sich mit dem klingonischen **Q**, das lautlich oft mit *kr* umschrieben wird, während das **q** meistens zu *k* wird.
Im Folgenden geben wir eine kurze Liste von wenigen klingonischen Namen, zusammen mit der üblichen Transkription im Deutschen:

mara	*Mara*
matlh	*Maltz*
qeng	*Kang*
qeylIS	*Kahless*
qolotlh	*Koloth*
qor	*Kor*
qoreQ	*Korax*
QaS	*Kras*
Qel	*Krell*
Qugh	*Kruge*
torgh	*Torg*
valQIS	*Valkris*

Namen können zur direkten Anrede, jeweils am Anfang oder Ende eines Satzes gebraucht werden (also jemanden bei seinem Namen nennen). Andere Wörter der direkten Anrede, wie **qaH** *Sir* oder **joHwI'** *mein Herr* werden auf die gleiche Weise im Satz verwendet.

torgh HIghoS *Torg, komm her!* (**HIghoS** *nähere dich mir!*)
lu' qaH *Ja, Sir!*

6. SYNTAX

Wie in jeder anderen Sprache kennt das Klingonische Sätze von denkbarer Einfachheit bis hin zu größter Komplexität. Im Folgenden sollen nur die einfachsten Regeln des klingonischen Satzbaus vorgestellt werden. Dieser Überblick sollte allen Studenten des Klingonischen einen so guten Einstieg in die Syntax ermöglichen, dass sie korrekte Sätze bilden und eine grammatikalisch korrekte Konversation führen können. Wenn diese auch nicht von höchster Eloquenz zeugen wird, so wird der Student Fortschritte durch die Konversation machen und seine Sprachkompetenz sukzessiv erweitern können.

6.1 Einfache Sätze/Hauptsätze

Die Basisstruktur eines klingonischen Satzes zeigt folgende Struktur:

OBJEKT – PRÄDIKAT – SUBJEKT

Es fällt auf, dass diese Struktur die Reversierung der deutschen Satzstruktur darstellt, und gerade der deutsche Muttersprachler muss sich vorsehen, den klingonischen Satz nicht rückwärts zu interpretieren. Das Subjekt ist stets derjenige oder dasjenige, der die Handlung, die das Verb beschreibt, unternimmt; das Objekt ist der Rezipient oder Benefizient der jeweiligen Aktion des Subjekts. Die Wichtigkeit der Einhaltung der korrekten Satzstruktur kann an folgenden zwei Beispielen gezeigt werden:

puq legh yaS *Der Offizier sieht das Kind.*
yaS legh puq *Das Kind sieht den Offizier.*

In beiden Sätzen sind die verwendeten Wörter identisch: **puq** *Kind*, **legh** *er/sie sieht ihn/sie* und **yaS** *Offizier*. Der einzige Weg, zu wissen, wer von wem gesehen wird, besteht in der korrekten Anordnung der Wörter durch den Sprecher. Das Verb **legh** folgt dem Präfix **0** *er/sie – ihm/ihr.*
Wenn das Subjekt und/oder Objekt in der ersten oder zweiten Person steht, muss das Präfix des Verbs dazu kongruent sein.

puq vIlegh jIH *Ich sehe das Kind.*
(**vIlegh** *ich sehe ihn/sie*)
jIH mulegh puq *Das Kind sieht mich.*
(**mulegh** *er/sie sieht mich*)

Die Pronomen der ersten und zweiten Person werden in Sätzen dieses Typs selten verwendet (obwohl sie wie hier zum Zweck der Emphase verwendet werden können). Die folgenden Sätze können also eher als Repräsentanten des beschriebenen Typs gelten.

puq vIlegh *Ich sehe das Kind.*
mulegh puq *Das Kind sieht mich.*

Imperativsätze (Befehle) folgen denselben Regeln:

So'wI' yIchu' *Aktiviert die Tarnvorrichtung!*
(**So'wI'** *Tarnvorrichtung*, **yIchu'** *aktiviere es!*)
DoS yIbuS *Konzentriere (dich) auf das Ziel!*
(**DoS** *Ziel*, **yIbuS** *Konzentriere dich auf etwas*)
yaSpu' tIHoH *Töte die Offiziere!*
(**yaSpu'** *Offiziere*, **tIHoH** *Töte sie!*)

Jedes Nomen in dem Satz, das etwas anderes als Subjekt oder Objekt indiziert, steht vor dem Objektnomen. Solche Nomen enden für gewöhnlich auf ein Typ 5 Nomensuffix (Kapitel 3.3.5).

pa'Daq yaS vIleghpu' *Ich sah den Offizier im Zimmer.*
(**pa'Daq** *im Zimmer*, **yaS** *Offizier*, **vIleghpu'** *ich sah ihn/sie*)

Siehe für andere Beispiele dieser Konstruktion Kapitel 3.3.5.

6.2 Komplexe Sätze

Einige von den häufiger vorkommenden Satztypen des Klingonischen werden im Folgenden illustriert.

6.2.1 Zusammengesetzte Sätze

Zwei Hauptsätze können zu einem zusammengesetzten Satz verbunden werden. Die Bedingung ist, dass beide Sätze auch allein, d. h. unabhängig voneinander, grammatikalisch korrekt sind. Die Sätze werden durch eine Konjunktion (Kapitel 5.3) miteinander verbunden und einfach hintereinandergesetzt.

jISoptaH 'ej QongtaH *Ich esse (gerade), und er/sie schläft (gerade).*
jISoptaH 'ach QongtaH *Ich esse (gerade), aber er/sie isst (gerade).*
bISoptaH qoj bItlhutlhtaH *Du isst (gerade), und/oder du trinkst (gerade).*
bISoptaH pagh bItlhutlhtaH *Entweder du isst (gerade), oder du trinkst (gerade).*

Wenn das Subjekt der beiden Hauptsätze dasselbe ist, kann es in der deutschen Übersetzung zu einer weniger komplizierten Konstruktion reduziert werden, doch eine solche Verkürzung sieht die klingonische Sprache nicht vor. Das pronominale Präfix muss an beiden Verben verwendet werden. Die beiden letzten Sätze können also entweder mit *du trinkst und/oder isst (gerade)* oder *entweder isst du (gerade) oder trinkst (gerade)* übersetzt werden. Wenn ein Nomen (im Gegensatz zu einem simplen Verbalpräfix) Träger der Subjekt- und/oder Objektmerkmale ist, kennt das Klingonische verschiedene Möglichkeiten. Die vollständigste Weise besteht in der Wiederholung des Nomens.

yaS legh puq 'ej yaS qIp puq
Das Kind sieht den Offizier, und das Kind schlägt den Offizier.
(**yaS** *Offizier*, **puq** *Kind*, **legh** *er/sie sieht ihn/sie*, **qIp** *er/sie schlägt ihn/sie*)
oder

Das Kind sieht den Offizier und schlägt den Offizier.
oder
Das Kind sieht und schlägt den Offizier.

Es ist möglich, Pronomen anstatt der Nomen im zweiten der verbundenen Sätze zu verwenden.

yaS legh puq 'ej ghaH qIp ghaH
Das Kind sieht den Offizier, und er/sie schlägt ihn/sie.
(**ghaH** *er/sie*)
oder
Das Kind sieht den Offizier und schlägt ihn/sie.

Wenn der Kontext klar ist, kann sogar das Pronomen ausgelassen werden.

yaS vIlegh 'ej vIqIp
Ich sehe den Offizier, und ich schlage ihn/sie. (**vI-** *Ich - ihn/sie*)
oder
Ich sehe den Offizier und schlage ihn/sie.
oder
Ich sehe und schlage den Offizier.

6.2.2 Nebensätze

Klingonische Verben, die auf ein Suffix vom Typ 9 (außer **-'a'** Interrogation und **-wI'** *jemand/etwas der tut*) enden, erscheinen in einem Satz gemeinsam mit einem anderen Verb, von dem sie und der von ihnen regierte Satz abhängig sind.

cha yIbaH qara'DI'
oder
qara'DI' cha yIbaH
Feuere die Torpedos auf mein Kommando!

Die beiden Teilsätze, aus denen der Satz besteht, sind **cha yIbaH** *Feuere die Torpedos!* und **qara'DI'** *wenn ich es euch befehle* oder *sobald ich es euch befehle*. **-DI'** ist ein Suffix vom Typ 9 in der Bedeutung *sobald als, wenn*, sodass **qara'DI'** Teil eines größeren Satzes sein muss. Beachten Sie, dass die Anordnung der Teilsätze variieren kann.

Einige Beispiele sollen den Gebrauch von Nebensätzen verdeutlichen:

bIjatlhHa'chugh qaHoH
oder
qaHoH bIjatlhHa'chugh
Wenn Du das Falsche sagst, werde ich dich töten
(**bIjatlhHa'chugh** *wenn du falsch sagst*, **qaHoH** *ich töte dich*)

Beachten Sie, dass, obwohl die deutsche Übersetzung eine futurische Form (werde) verwendet, es in dem klingonischen Ausdruck keine futurische Markierung gibt. Das nicht suffigierte Verb **HoH** *töten* ist der Zeitenfolge gegenüber neutral: Wenn der Person, an die sich der Satz richtet, eine Chance zur Stellungnahme eingeräumt wird, muss die Person also noch leben, womit die Tötung erst in der Zukunft stattfinden kann.

SutlhtaHvIS chaH DIHIvpu'
oder
DIHIvpu' SutlhtaHvIS chaH
Während sie noch verhandelt hatten, griffen wir sie an
(**SutlhtaHvIS** *während sie verhandeln*, **chaH** *sie*,
DIHIvpu' *griffen wir sie an*)

Die Bedeutung *verhandelt hatten* anstatt *verhandeln* rührt von dem Suffix **-pu'**, Perfektiv, am Verb **HIv** *angreifen* her. Eine Übersetzung wie *Während sie verhandeln, griffen wir sie an* macht im Deutschen wenig Sinn und entstellt die Bedeutung des klingonischen Satzes.

6.2.3 Relativsätze

Klingonische Relativsätze werden ins Deutsche mit Phrasen übersetzt, an deren Beginn Wörter wie *der, das, wo* stehen, meistens jedoch *das*. Ähnlich den Adjektiven dienen sie zur Beschreibung von Nomen: *der Hund, der rennt; die Katze, die schläft; die Maus, die spielt; das Restaurant, in dem wir aßen*. Das Nomen, das durch einen Relativsatz modifiziert wird, ist der Kopf des Satzes.
Im Klingonischen endet das Verb innerhalb des Relativsatzes mit dem Suffix der Klasse 9 **-bogh**, welches der Einfachheit halber mit *das* übersetzt wird.

Ob das Nomen, das den Kopf bildet, dem Relativsatz folgt oder vorangeht, bestimmt das Verhältnis des Relativsatzes zu seinem Kopf. Vergleichen Sie die folgenden Beispiele:

qIppu'bogh yaS *Der Offizier, der ihn/sie geschlagen hat.*
yaS qIppu'bogh *Der Offizier, den er/sie geschlagen hat.*

In beiden Sätzen ist der Relativsatz **qIppu'bogh** (**qIp** *schlagen*, **-pu'**, Perfektiv, **-bogh**, *der, das*) und das Kopfnomen **yaS** *Offizier*. Im ersten Satz ist **yaS** das Subjekt des Verbs **qIp** (der Offizier unternimmt das Schlagen), also folgt es **qIppu'bogh,** wie alle Subjekte dem Verb folgen. Im zweiten Satz ist **yaS** das Objekt des Verbs (der Offizier empfängt die Schläge), also geht es **qIppu'bogh** voran, wie alle Objekte vor dem Verb plaziert werden. Die gesamte Konstruktion, bestehend aus Relativsatz und Kopfnomen, wird im Satz als Nomen behandelt. Dementsprechend folgt eine solche Konstruktion dem Verb des Satzes, also dem Prädikat des Hauptsatzes, je nachdem ob es Objekt- oder Subjektfunktion hat.

qIppu'bogh yaS vIlegh *Ich sehe den Offizier, der ihn/sie schlägt.*

Da die gesamte Relativkonstruktion **qIppu'bogh yaS** *Offizier, der ihn/sie schläg*t das Objekt des Prädikats **vIlegh** *ich sehe* ist, steht es vor dem Verb.

mulegh qIppu'bogh yaS *Der Offizier, der ihn/sie schlägt, sieht mich.*
In diesem Fall ist **qIppu'bogh yaS** das Subjekt des Prädikats **mulegh** *er/sie sieht mich*, also folgt es dem Verb.
Dieses Schema gilt es auch zu befolgen, wenn Kopfnomen das Objekt des Prädikats des Relativsatzes sind wie **yaS qIppu'bogh** *Offizier, den er/sie schlägt.*

yaS qIppu'bogh vIlegh *Ich sehe den Offizier, den er/sie schlägt.*
mulegh yaS qIppu'bogh *Der Offizier, den sie/ihn schlägt, sieht mich.*

6.2.4 Finalsätze

Wenn eine Handlung unternommen wird, um etwas zu erreichen oder mit dem Ziel, etwas zu Ende zu bringen, endet das Verb, das beschreibt, was vollendet werden soll, mit dem Suffix des Typs 9 **-meH**, welches mit *für, mit der Absicht des, um zu* übersetzt werden kann. Der Finalsatz steht immer vor dem Nomen oder dem Verb, dessen Absicht oder Ziel es beschreibt.

ja'chuqmeH rojHom neH jaghla' *Der feindliche Commander wünscht ein Treffen, um zu konferieren.*

Der Satz **ja'chuqmeH rojHom** *ein Treffen, (um zu) konferieren* ist das Objekt des Prädikats im Hauptsatz **neH** *er/sie will es*. Das Subjekt ist **jaghla'** *Der feindliche Commander*, das Objekt ist das Nomen **rojHom** *Treffen*, welches einem Finalsatz **ja'chuqmeH** *zum Zweck des Konferierens, um zu konferieren* folgt. (Das Verb setzt sich zusammen aus **ja'** *sagen, sprechen* und dem Suffix **-chuq** *gegenseitig*; also bedeutet *konferieren* sich *gegenseitig etwas sagen.*

jagh luHoHmeH jagh lunejtaH *Sie suchen den Feind, um ihn zu töten.*

In diesem Beispiel ist der Finalsatz **jagh luHoHmeH** *um den Feind zu töten*, welcher aus dem Nomen als Objekt **jagh** *Feind*, vorangehend dem Verb **luHoHmeH** *um zu töten* (**lu-** *sie - ihm/ihr*, **HoH** *töten*, **-meH** *für, um zu*) aufgebaut ist. Es beschreibt die Zielabsicht der übergeordneten Verhandlung **lunejtaH** *sie sind (dabei), ihn/sie zu suchen* (**lu-** *sie - ihm/ihr*, **nej** *suchen, aufspüren* **-taH** kontinuierend). Beachten Sie, dass, ähnlich wie in einem zusammengesetzten Satz, das Objektnomen **jagh** *Feind* in der Reihenfolge vor jedem Verb erscheint, für welches es die Objektfunktion innehat. Etwas wörtlicher kann der Satz also mit *In der Absicht, den Feind zu töten, suchen sie den Feind* übersetzt werden.
Darüber hinaus, ebenfalls dem zusammengesetzten Satz gleichend, kann das zweite zweier identischer Nomen durch ein Pronomen ersetzt werden, oder, wenn der Kontext es deutlich macht, ausgelassen werden.

jagh luHoHmeH ghaH lunejtaH
jagh luHoHmeH lunejtaH *Sie suchen den Feind, um ihn/sie zu töten.*

6.2.5 Sätze als Objekte

Das Klingonische kennt die zwei Pronomen **'e'** und **net**, welche sich auf einen vorhergehenden Satz im Ganzen beziehen. Sie werden vornehmlich, jedoch nicht ausschließlich, mit Verben des Denkens und des Beobachtens (wissen, sehen, kennen) verwendet. Sie werden stets als Objekt des Verbs behandelt und das Verb nimmt stets das Präfix, das ein Objekt in der dritten Person Singular anzeigt, an. Ein einzelner Satz im Deutschen wird im Klingonischen oft durch zwei Sätze ausgedrückt. **net** wird nur unter bestimmten Umständen (siehe unten) verwendet, aber die Verwendung von **'e'** ist häufig anzutreffen. Die folgenden Beispiele sollen den Gebrauch von **'e'** verdeutlichen:

qama'pu' DIHoH 'e' luSov *Sie wissen, dass wir Gefangene töten.*

Dieser Satz besteht eigentlich aus zwei Einzelsätzen (1) **qama'pu' DIHoH** *Wir töten Gefangene* (**qama'pu'** *Gefangene*, **DIHoH** *wir töten sie*); (2) **'e' luSov** *Sie wissen, dass* (**'e'** *dass*, **luSov** *sie wissen es*). Das Pronomen **'e'** bezieht sich auf den vorhergehenden Satz: *Wir töten Gefangene.*

yaS qIppu' 'e' vIlegh *Ich sah ihn/sie, dass er den Offizier geschlagen hat.*

Die beiden Sätze sind: (1) **yaS qIppu'** *Er/Sie schlägt den Offizier*; (2) **'e' vIlegh** *Ich sehe, dass* (**vIlegh** *Ich sehe es*). Die Konstruktion kann also gleichermaßen mit *Ich sah, dass er/sie den Offizier schlägt* übersetzt werden. Beachten Sie, dass das Verb des zweiten Satzes, **vIlegh** *Ich sehe es*, der Zeitenfolge gegenüber neutral ist. Die Vergangenheitsform in der Übersetzung (*Ich sah ...*) leitet sich von dem Verb des ersten Satzes, **qIppu'** *er/sie schlägt ihn/sie* (**-pu'** Perfektiv), ab. In zusammengesetzten Sätzen dieses Typs ist das zweite Verb niemals Träger eines Suffixes der Aspektierung (Kapitel 4.2.7).
Wenn das Verb des zweiten Satzes ein Subjekt der dritten Person bei sich hat (also das pronominale Präfix **0**), aber die intendierte

Bedeutung *jemand* oder *man* eher als *er, sie, es oder sie* ist, wird als Konjunktion **net** anstatt **'e'** verwendet.
qama'pu' DIHoH net Sov *Man weiß, dass wir Gefangene töten.*

Wie oben lautet der erste Satz **qama'pu' DIHoH** *Wir töten Gefangene*. Der zweite Satz ist **net Sov** *Jemand weiß, dass*. Die gesamte Konstruktion impliziert, dass es verbreitetes Wissen ist, dass die Gruppe, zu der der Sprecher gehört, Gefangene tötet.

Qu'vaD lI' net tu'bej *Man findet es sicherlich nützlich für die Mission.*

Der erste Teil dieses Satzes besteht aus **Qu'vaD lI'** *Es ist nützlich für die Mission* (**Qu'vaD** *für die Mission*, **lI'** *es ist nützlich*). Der zweite Teil wird aus **net tu'bej** *jemand findet sicherlich, dass* oder *man sieht sicherlich, dass* gebildet. Die Übersetzung der gesamten Konstruktion würde dann also lauten: *Man wird sicherlich sehen, dass es für die Mission nützlich ist*. Beachten Sie, dass die futurische Formulierung (wird sehen) die Übersetzung flüssiger macht, der klingonische Satz jedoch keine futurische Markierung beinhaltet.

Wenn es sich bei dem Verb des zweiten Satzes um **neH** *wollen* handelt, werden weder **'e'** noch **net** als Satzkonjunktion verwendet; die Konstruktionen sind jedoch trotzdem mehr oder weniger identisch zu den gerade beschriebenen:

jIQong vIneH *Ich möchte schlafen.*
(**jIQong** *Ich schlafe*, **vIneH** *Ich möchte es*)
qalegh vIneH *Ich möchte dich sehen.*
(**qalegh** *Ich sehe dich*, **vIneH** *Ich möchte es*)
Dalegh vIneH *Ich möchte, dass du ihn/sie siehst.*
(**Dalegh** *Du siehst ihn/sie*, **vIneH** *Ich möchte es*)
qama'pu' vIjonta' vIneH *Ich wollte Gefangene machen (fangen).*

Im letzten Beispiel ist der erste Satz **qama'pu' vIjonta'** *Ich fing Gefangene* (**qama'pu'** *Gefangene*, **vIjonta'** *Ich fing sie*). Beachten Sie nochmals, dass die Aspektmarkierung (in diesem Fall **-ta'** *erreicht, vollendet*) nur das erste Verb betrifft, das zweite Verb, **vIneH** *Ich möchte es*, zeitlich neutral ist. Die Vergangenheitsform in der Übersetzung (*Ich wollte...*) rührt von der Aspektierung des ersten Verbs her.

Desgleichen werden **'e'** und **net** nicht verwendet, wenn es sich um Verben des Sagens (sagen, sprechen, erzählen, fragen etc.) handelt. Hier folgen die beiden Teilsätze einfach aufeinander, wobei die Reihenfolge keine Rolle spielt.

qaja'pu' HIqaghQo' oder **HIqaghQo' qaja'pu'**
Ich sagte (befahl) dir, mich nicht zu unterbrechen.

Wörtlich lautet die Übersetzung *Ich sagte dir, „Unterbreche mich nicht!“* oder *„Unterbreche mich nicht!“ sagte ich dir* (**qaja'pu'** *Ich sagte dir*, **HIqaghQo'** *Unterbreche mich nicht!“*). Eine Aspektierung, in diesem Fall **-pu'**, Perfektiv, kann den Verben des Sagens stets beigefügt werden, gleichgültig ob es sich dabei um das erste oder das zweite Verb handelt.

Zum Abschluss sei noch angemerkt, dass der Gebrauch von **rIntaH**, um anzuzeigen, dass eine Handlung abgeschlossen ist (Kapitel 4.2.7), ein anderes Beispiel einer Zwei-Verb – oder Zwei-Sätze-Konstruktion ist.

6.3 Das Verb „sein“

Das Klingonische kennt kein eigenes Verb, das dem deutschen Hilfsverb *sein* entspricht. Auf der anderen Seite können alle Pronomen (Kapitel 5.1) als Verben, also im Sinne von *Ich bin, du bist etc.* verwendet werden.

tlhIngan jIH *Ich bin Klingone.*
yaS SoH *Du bist (ein) Offizier.*
puqpu' chaH *Sie sind Kinder.*

Das Pronomen folgt dabei immer dem Nomen.
Desgleichen gibt es kein klingonisches Verb, das dem Verb *sein* im Sinne von *an einem Ort sein* im Deutschen entspricht. Auch hier tritt das Pronomen an seine Stelle, falls nötig in Kombination mit einem Verbalsuffix.

pa'wIjDaq jIHtaH *Ich bin in meinem Quartier.*
(**pa'wIjDaq** *in meinem Quartier*, **jIH** *ich*, **-taH** *andauernd, kontinuierlich*)

Im vorangegangenen Beispiel sind die Subjekte jeweils Pronomen. Wenn das Subjekt ein Nomen ist, folgt es in der Suffigierung dem Pronomen der dritten Person (**ghaH** *er/sie*, **'oH** *es*, **chaH** *sie*; **bIH** *sie*) und nimmt zusätzlich das Suffix der Topisierung **-'e'** zu sich (Kapitel 3.3.5).

puqpu' chaH qama'pu''e' *Die Gefangenen sind Kinder.*
pa'DajDaq ghaHtaH la''e' *Der Commander ist in seinem Quartier.*

Die Sätze können auch übersetzt werden mit *Was die Gefangenen angeht, sie sind Kinder* und *Was den Commander angeht, er ist in seinem Quartier.*

6.4 Fragen

Es gibt zwei Arten von Fragen: Die einen können mit „Ja“ oder „Nein“ beantwortet werden. Die andere Art von Fragen fordert eine Erklärung als Antwort.
Fragen des ersten Typs werden mit dem Verbalsuffix der Klasse 9 **-'a'**, angehängt an das Verb des Hauptsatzes, gebildet. Beispiele hierfür sind in Kapitel 4.2.9 zu finden.
Mögliche Antworten auf „Ja/Nein“-Fragen sind:

HIja' oder **HISlaH** *Ja*
ghobe' *Nein*

Die Fragen des zweiten Typs benötigen ein spezielles Fragewort:

chay' *Wie?*
ghorgh *Wann?*
nuq *Was?*
nuqDaq *Wo?*
qatlh *Warum?*
'ar *Wieviele? Wieviel?*
'Iv *Wer?*

Die Fragewörter **'Iv** *Wer?* und **nuq** *Was?* werden in einem Satz an der Stelle verwendet, dessen Platz von der erwarteten Antwort der Frage eingenommen werden würde, also:

yaS legh 'Iv *Wer sieht den Offizier?*
'Iv legh yaS *Wen sieht der Offizier?*

Die erste Frage bezieht sich auf das Subjekt des Satzes, bzw. das Nomen an der Subjektposition. Das Fragewort **'Iv** *Wer?* steht also an der Position des Subjekts im Hauptsatz und folgt dem Verb **legh** *er/sie sieht ihn/sie*. Im zweiten Fall bezieht sich die Frage auf das Objekt des Satzes und das Fragewort **'Iv** wird dementsprechend vor das Verb gesetzt.
Ähnlich verhält es sich mit dem Wort **nuq** *Was?*:

Duj ghoStaH nuq *Was nähert sich dem Schiff?*
(**Duj** *Schiff, Fahrzeug*, **ghoStaH** *es nähert sich, es bewegt sich auf etwas zu)*
nuq legh yaS *Was sieht der Offizier?*

Beide, **'Iv** und **nuq,** werden wie Nomen behandelt, zumindest was die Verwendung von pronominalen Präfixen angeht. Das heißt, sie stehen in der dritten Person.

nughoStaH nuq *Was kommt auf uns zu?*
(**nughoStaH** *es nähert sich uns*)
nuq Dalegh *Was siehst du?*
(**Dalegh** *du siehst es*)

Bei dem Fragewort **nuqDaq** *Wo?* handelt es sich um **nuq** *Was?*, gefolgt von dem Suffix **-Daq**, Lokativ (Kapitel 3.3.5). Wie eine gewöhnliche Lokativphrase (Kapitel 6.1) steht es stets zu Anfang des Satzes.

nuqDaq So'taH yaS *Wo versteckt sich der Offizier?*
(**So'taH** *er/sie versteckt sich*)

Drei weitere Fragewörter stehen ebenfalls stets am Anfang des Satzes.

ghorgh Haw'pu' yaS *Wann ist der Offizier geflohen?*
qatlh Haw'pu' yaS *Warum ist der Offizier geflohen?*
chay' Haw'pu' yaS *Wie ist der Offizier geflohen?*

Beachten Sie außerdem:

chay' jura' *Welches sind Ihre Befehle?*

Die Frage setzt sich zusammen aus **chay'** *Wie, Auf welche Weise?* und **jura'** *du befiehlst uns*, zusammengenommen also *Auf welche Weise kommandierst du uns?*
Das Fragewort **chay'** *Wie?* kann auch als Ein-Wort-Frage in der Bedeutung *Wie ist es geschehen?*, *Was ist passiert?* oder auch *Was zum Teufel ...?* verwendet werden.
Abschließend zu **'ar** *Wieviele?*, *Wieviel?*: Es folgt stets dem Nomen auf das es sich bezieht, kann jedoch niemals auf ein Nomen mit einem Pluralsuffix (**-pu', -mey, -Du'**, siehe Kapitel 3.3.2) verweisen.

Haw'pu' yaS 'ar *Wieviele Offiziere sind geflohen?*
(**Haw'pu'** *sie sind geflohen*, **yaS** *Offizier*)
nIn 'ar wIghaj *Wieviel Treibstoff haben wir?*
(**nIn** *Treibstoff*, **wIghaj** *wir haben es*)

6.5 Befehle/Aufforderungen

Befehle und Kommandos werden mit entsprechenden imperativischen Präfixen gebildet (Kapitel 4.1.2 und 4.3).

6.6 Komparative und Superlative

Um auszudrücken, dass etwas mehr oder größer als etwas anderes (Komparativ) ist, verwendet man im Klingonischen eine Konstruktion, die durch die folgende Formel veranschaulicht werden kann.

A Q **law'** B Q **puS**

In diesem Schema stellen A und B die Dinge dar, die verglichen werden sollen und Q die Qualität, die verglichen wird. Die beiden klingonischen Ausdrücke innerhalb des Schemas sind **law'** *viel sein* und **puS** *wenig sein*. Der Vergleich erfolgt also im Sinne von *As Q ist viel, Bs Q ist wenig* oder *A hat mehr Q als B* oder A ist Qer als B.

Jedes Verb, das eine Qualität oder einen Zustand ausdrückt, kann also an die Stelle von Q gesetzt werden.

la' jaq law' yaS jaq puS *Der Commander ist mutiger als der Offizier.*
(**la'** *Commander*, **jaq** *mutig sein, unerschrocken sein*, **yaS** *Offizier*).

Um den Superlativ auszudrücken, also die Tatsache, dass etwas das Größte oder das Höchste von allem ist, wird das Nomen **Hoch** in der B Position verwendet.

la' jaq law' Hoch jaq puS *Der Commander ist der mutigste von allen.*

In Komparativ- und Superlativkonstruktionen muss das Verb, welches die zu vergleichende Qualität ausdrückt (**jaq** *mutig sein* in den obigen Beispielen), zweimal genannt werden.

7. KURZ-KLINGONISCH

Der vorliegende grammatikalische Überblick skizziert das reine oder „Hochklingonische“, also die Sprache, die in der Schule gelehrt oder an Nicht-Klingonen weitergegeben wird. Im täglichen Gebrauch kennzeichnet die Kommunikation vieler Klingonen ein davon abweichender Sprachgebrauch, der sich insofern von seiner „reinen“ Form unterscheidet, als dass zum Beispiel einige Elemente der Sprache in der Formulierung ausgelassen werden. Diese verkürzte oder umgangssprachliche Variante des Klingonischen wird von klingonischen Grammatikern „Kurz-Klingonisch“ genannt. Es wird vor allem im militärischen Kontext verwendet, wo weniger eine eloquente als eine schnelle Kommunikation erforderlich ist und gefordert wird. Vielleicht ist das der Grund, warum das „Kurz-Klingonisch“ in vielen Teilbereichen des Alltags von den Klingonen verwendet wird.
Einige Charakteristika dieser Kurzform werden im Folgenden beschrieben.

7.1 Befehle/Aufforderungen

Bei der Vergabe von Befehlen wird das Imperativsuffix (Kapitel 4.1.2) häufig weggelassen, sodass nur die nackte Verbform Verwendung findet.

Korrektes Klingonisch: **yIbaH** *Feuern (die Torpedos)!*
Kurz-Klingonisch: **baH**

KURZ-KLINGONISCH

Korrektes Klingonisch: **wIy yIcha'** *Zeige die taktische Darstellung!*
Kurz-Klingonisch: **wIy cha'**
(**wIy** *taktische Darstellung auf dem Monitor*, **cha'** *zeigen, projizieren*)

Korrektes Klingonisch: **He chu' yIghoS** *Neuem Kurs folgen!*
Kurz-Klingonisch: **He chu' ghoS**
(**He** *Kurs*, **chu'** *neu (sein)*, **ghoS** *einem Kurs folgen*)

Wenn das Objektnomen entscheidend ist oder es für den Angesprochenen offensichtlich ist oder sein sollte, welchen Sachverhalt das Nomen ausdrückt, kann dieses allein als Befehl oder Kommando verwendet werden.

Korrektes Klingonisch: **chuyDaH yIlaQ** *Triebwerke zünden!*
Kurz-Klingonisch: **chuyDaH** *Triebwerk!*
(**chuyDaH** *Triebwerke*, **laQ** *initialisieren, in Betrieb nehmen*)

Korrektes Klingonisch: **HaSta yIcha'** *Visuelle Darstellung auf dem Schirm!*
Kurz-Klingonisch: **HaSta** *Visuelle Darstellung!*
(**HaSta** *visuelle Darstellung auf dem Monitor*, **cha'** *zeigen, darstellen*)

Schließlich werden oftmals andere grammatikalische Markierungen, im speziellen Nomensuffixe, in Befehlen oder Kommandos nicht verwendet.

Korrektes Klingonisch: **jolpa'Daq yIjaH** *Geht in den Transporterraum!*
Kurz-Klingonisch: **jolpa' yIjaH**
(**jolpa'** *Transporterraum*, **-Daq** Lokativ, **jaH** *gehen*)

Wenn die Nomensuffixe abgeschnitten werden, werden für gewöhnlich die Imperativsuffixe am Verb nicht weggelassen.

7.2 Erwiderungen

Erwiderungen oder Antworten auf Befehle oder Aufforderungen werden, ähnlich den Zustandsberichten, ebenfalls meist verkürzt.

Korrektes Klingonisch: **So'wI' vIchu'ta'** *Ich habe die Tarnvorrichtung aktiviert!*
Korrektes Klingonisch: **So'wI' chu'lu'ta'** *Die Tarnvorrichtung ist aktiviert worden!*
Kurz-Klingonisch: **So'wI' chu'ta'** *Tarnvorrichtung aktiviert!* (**So'wI'** *Tarnvorrichtung*, **vIchu'ta'** *ich habe es aktiviert*, **chu'lu'ta'** *es ist aktiviert worden*)

Im vorhergehenden Beispiel kann die Verkürzung der korrekten Ausdrücke entweder durch Auslassung des Präfixes **vI-** *ich – es* oder des Suffixes **-lu'**, indefinites Subjekt, erreicht werden.

Korrektes Klingonisch: **jIyajchu'** *Ich verstehe deutlich.*
Kurz-Klingonisch: **yajchu'** *Verstehe deutlich* (**yaj** *verstehen*, **-chu'** *klar, deutlich*)

In diesem letzten Beispiel ist die durch Auslassung von **jI-**, *ich*, verkürzte Phrase die Antwort auf eine bereits verkürzte Frage wie **yaj'a'** *Verstanden?* (vergleiche mit der korrekten Form **bIyaj'a'***Hast du verstanden?*)

7.3 Erregung/Zwang

Wenn er sich in einer sehr gefährlichen Situation befindet oder aus anderen Gründen Druck auf den Sprecher ausgeübt wird, neigen Klingonen dazu, die pronominalen Präfixe auszulassen. Diese Form der Verkürzung ist auch üblich, wenn ein Klingone aus anderen Gründen erregt ist.

Korrektes Klingonisch: **qama'pu' vIjonta' vIneH** *Ich wollte Gefangene machen!*
verkürzte Form: **qama'pu' jonta' neH** *Wollte Gefangene!*
(**qama'pu** *Gefangene*, **vIjonta'** *ich habe sie gefangengenommen*, **vIneH** *ich wollte sie/es*)

Aus dem Kontext heraus wird deutlich, dass der Sprecher derjenige ist, dem grammatikalisch das Wollen und das Gefangennehmen zugeordnet wird, auch wenn das pronominale Präfix **vI-**, *ich – sie* fehlt.

WÖRTERVERZEICHNIS

VORBEMERKUNG

Das Wörterverzeichnis umfasst vier Teile: (1) Klingonisch – Deutsch, (2) Deutsch – Klingonisch, (3) eine Affixauflistung in klingonischer Ordnung und (4) eine Affixauflistung in deutscher Ordnung.
Die klingonische, alphabetische Ordnung:

a, b, ch, D, e, gh, H, I, j, l, m, n, ng,
o, p, q, Q, r, S, t, tlh, u, v, w, y, '

Beachten Sie, dass **ch, gh, ng** und **tlh** eigenständige Buchstaben sind, die Silbe **nga** folgt also in der klingonischen Liste auf die Silbe **no** und nicht umgekehrt. Die klingonischen Ausdrücke werden innerhalb der Liste zum Teil genauer spezifiziert, um Ambiguitäten auszuschließen. Gemäß der deutschen Rechtschreibung werden Nomen und nominalisierte Ausdrücke groß, Verben und als Adjektive verwendete Verbformen klein geschrieben. Zusätzlich werden folgende Abkürzungen verwendet, um die Wortarten deutlicher zu spezifizieren.

(Adv.)	Adverbialer Ausdruck	(Kapitel 5.4)
(Konj.)	Konjunktion	(Kapitel 5.3)
(Exklam.)	Exklamativer Ausdruck, Ausruf	(Kapitel 5.5)
(Num.)	Numerale/Zahlwörter	(Kapitel 5.2)
(Pro.)	Pronomen	(Kapitel 5.1)

Bei der Durchsicht des Wörterverzeichnisses werden Sie bemer-

ken, dass es eine Reihe von Nomen- und Verb-Paaren gibt, d. h., ein und derselbe Ausdruck kann als Nomen oder als Verb verwendet werden, natürlich mit der entsprechenden Spezifizierung durch Präfixe und Suffixe. Darüber hinaus gibt es einige Wörter, die sich in Form und zum Teil auch in Bedeutung mit der einiger Affixe decken (so bedeutet **laH** als Nomen aufgefasst *Fertigkeit* oder *Fähigkeit*, **-laH** als Suffix aufgefasst wird am Verb mit der spezifizierenden Bedeutung *können, fähig sein zu* gebraucht). Davon abgesehen kennt das Klingonische eine gewisse Anzahl von Synonymen, also unterschiedliche Ausdrücke, die dieselbe Bedeutung tragen (zum Beispiel **joH, jaw** *Herr*, **chetvI'**, **DuS** *Torpedorohr*). Manchmal kann ein solches Paradigma von Synonymen analysiert werden. So setzt sich das Wort **baHwI'** *Schütze* aus dem Verb **baH** *einen Torpedo feuern* und dem Suffix **-wI'** *einer, der etwas tut* zusammen. Im Gegensatz dazu konnten die Wurzeln des zweiten Ausdrucks für *Schütze* **matHa'** bisher noch nicht befriedigend erklärt werden. In anderen Fällen können die jeweiligen Wortwurzeln aus unterschiedlichen Synonymschemen abgeleitet werden. Das Wort **jonta'** *Maschine* beginnt mit der Silbe **jon**, die auch in dem Wort **jonwI'** *Maschinist* begegnet und endet auf **ta'**, eine Silbe, die auch in dem Wort **mIqta'** *Maschinerie* vorkommt, wobei der klingonische Ausdruck für *Maschinerie* bisher noch nicht vollständig etymologisch hergeleitet werden konnte, ebensowenig wie ein weiterer Ausdruck desselben Synonymschemas **QuQ** *Maschine*. (Es ist wahrscheinlich, dass es Synonymgruppen gibt, die drei oder vier Ausdrücke enthalten, doch bis jetzt konnten noch keine Beispiele erbracht werden.)
Auch konnte bisher noch nicht befriedigend erklärt werden, ob bestimmte Synonyme in unterschiedlichen Situationen zur Anwendung kommen. Möglicherweise verbirgt sich im Gebrauch der Synonyme eine verborgene soziale Struktur innerhalb der klingonischen Kultur, da viele dieser Synonymgruppen dem militärischen oder politischen Bereich zuzurechnen sind (z. B. **yaS, 'utlh** *Offizier*). Auf der anderen Seite referieren andere Synonympaare auf den Bereich der Mechanik und des Maschinenbaus (z. B. *Maschine* und *Torpedorohr* wie oben illustriert). Ein größeres Verständnis der klingonischen Technologie würde vielleicht helfen, geringe Bedeutungsnuancen im Synonymgebrauch aufzudecken. Obwohl das Synonymverständnis der heutigen etymologischen Forschung noch in den Kinderschuhen steckt, kann sich der Student des Klingonischen doch relativ sicher sein, im Synonymge-

brauch des Klingonischen keine schwerwiegenden Fehler oder sozialen Fehlnisse zu begehen, wenn er wahlweise das eine oder andere Exemplar einer Synonymgruppe verwendet.
Die verschiedenen Paarungen (Nomen/Verb, Begriff/Suffix, Synonyme) sind vor allem von großem sprachhistorischen Interesse, da davon ausgegangen werden kann, dass sie Informationen über frühere Sprachstufen des heutigen Klingonischen enthalten. Leider ist eine historisch-linguistische Untersuchung im Rahmen dieser Publikation nicht einmal im Ansatz zu leisten.
Das Wörterverzeichnis *Deutsch – Klingonisch* ordnet die Einträge assoziativ, um eine möglichst rasche Auffindung des gesuchten Wortes ohne längere grammatikalische Überlegungen zu ermöglichen. Es werden, um voreilige begriffliche Festlegungen zu vermeiden, häufig Bedeutungsparadigma angeboten. Da das Klingonische keine eigene Wortart kennt, die den Adjektiven unserer Sprache entspricht, werden die entsprechenden klingonischen Begrifflichkeiten im Deutschen normalerweise durch die Zusammensetzung des Partizips mit eingeklammerten Hilfsverben *sein, haben, werden* dargestellt.

KLINGONISCH - DEUTSCH

bach	schießen
bach	Schuss
baH	feuern
baHwI'	Schütze(In)
bang	Liebe, Geliebte, Geliebter
baS	Metall
batlh	Ehre
batlh	geehrt (Adv.)
bav	umkreisen
ba'	sitzen
bech	leiden
begh	Deflektoren
beH	Gewehr
bej	beobachten
bel	Entzücken, Vergnügen
bel	entzückt (sein), vergnügt (sein)
belHa'	unvergnügt (sein)
ben	vor x Jahren
bep	Schmerz, Qual
bep	sich beschweren
beq	Crew, Crewmitglied
bergh	gereizt, reizbar (sein)
be'	Frau
be'Hom	Mädchen
be'nal	Ehefrau

be'nI'	Schwester
bID	Hälfte
bIghHa'	Gefängnis
bIH	sie, ihnen (Pron.)
bIng	Bereich unterhalb
bIp	hunderttausend
bIQ	Wasser
bIQtIq	Fluss
bIQ'a'	Ozean
bIr	kalt (sein)
bIt	nervös (sein)
bIv	verletzen (von Regeln)
bobcho'	Modul
boch	glänzen
bogh	geboren werden / sein
boH	ungeduldig (sein)
boj	nörgeln
bol	sabbern
bong	zufällig, durch einen Unfall
boq	Allianz
boQ	helfen
boQ	Hilfe
boQDu'	Aide-de-camp, Assistent
bortaS	Rache
boS	sammeln, erfassen
bot	verhindern, blockieren
botlh	Mittel
bov	Ära
bo'DIj	Gericht
buD	faul (sein)
bup	verlassen
buQ	drohen, androhen
burgh	Magen
buS	nachdenken über, konzentrieren auf
butlh	Schmutz unter Fingernägeln
buv	Klassifikation
buv	klassifizieren
bu'	Unteroffizier(In)
cha	Torpedos
chach	Notfall

chagh	fallen lassen
chaH	sie, ihnen (sprachfähig)
chal	Himmel
chamwI’	Techniker(In)
chap	Handrücken
chaq	vielleicht, eventuell
chargh	erobern
chav	Ziel erreichen, Erfolg erzielen
chav	Erfolg, Ziel
chaw’	erlauben, gestatten; Erlaubnis, Genehmigung
chay’	Wie? Auf welche Weise? (Frage)
cha’	zeigen, vorführen
cha’	zwei (Num.)
cha’DIch	Zweite (Num.), zweite Mal
cha’Hu’	vorgestern
cha’leS	übermorgen
cha’logh	doppelt, verdoppelt (Adv.)
cha’puj	Dilithium
cha’pujqut	Dilithiumkristall
chech	betrunken, vergiftet
chegh	rückkehren
cheH	abtrünnig werden, überlaufen
chel	hinzufügen
chen	entstehen
chep	gedeihen, aufblühen
cher	etablieren
chergh	tolerieren
chetvI’	Torpedorohr
chev	trennen
che’	regieren, führen
chIch	absichtlich (Adv.)
chID	gestehen
chIj	navigieren
chIjwI’	Navigator(In)
chIm	unbewohnt, verwüstet, leer
chIp	schneiden (Haare)
chIrgh	Tempel
chIS	weiß (sein)
choH	wechseln, verändern
choH	Veränderung
chol	nähern, sich annähern

choljaH	Haarklammer
chom	Wirt, Barmann (m., f.)
chong	senkrecht (sein)
chop	beißen
choq	bewahren, beschützen
chor	Bauch
chorgh	acht (Num.)
chorghDIch	Achte (Num.) (m., f.)
choS	desertieren
choS	Zwielicht
chot	morden, ermorden
chovnatlh	Exemplar, Probe
chuch	Eis
chun	unschuldig (sein)
chunDab	Meteor
chung	beschleunigen
chup	empfehlen
chuq	Reichweite, Distanz
chuQun	Nobilität, Edelmut
chuS	laut (sein), geräuschvoll
chut	Gesetz
chuv	übrig (sein)
chuvmey	Überbleibsel, Rest
chuyDaH	Triebwerke
chu’	neu (sein)
chu’	zünden, aktivieren (eine Maschine)

Dach	abwesend (sein)
DaH	jetzt
Daj	interessant (sein)
Dal	langweilig (sein)
Dan	okkupieren (milit.)
Dap	Unsinn
Daq	lauschen
DaQ	Pferdeschwanz (Frisur)
DaS	Stiefel
DaSpu’	Stiefeldorn
Dat	überall
Daw’	revoltieren, aufbegehren
Daw’	Revolution, Aufstand
Da’	Korporal, milit. Rang (m., f.)

Deb	Wüste
Dech	umgeben
Degh	Ruder, Steuer
DeghwI’	Steuermann (m., f.)
Dej	zusammenbrechen, kollabieren
Del	beschreiben
DenIb (ya’)	Denebia
DenIb (ya’) ngan	Denebianer (m., f.)
DenIb (ya’) Qatlh	denebianischer Schleimteufel
Dep	Lebewesen, nicht menschlich
DeQ	Credit (Währungseinheit)
DeS	Arm
Dev	anleiten, führen
De’	Information
De’wI’	Computer
DIb	Privileg
DIch	Sicherheit
DIl	bezahlen
DIlyum	Trillium
DIng	drehen
DIp	Nomen
DIr	Haut
DIS	Höhle
DIS	gestehen
DIS	Jahr (klingon. Zeitmaß)
DIv	schuldig (sein)
DIvI’	Föderation, Organisation
DIvI’may’Duj	Föderationskampfschiff
Do	Geschwindigkeit
Doch	brutal (sein)
Doch	Gegenstand
Dogh	albern (sein)
Doghjey	bedingungslose Kapitulation
DoH	wegbegeben von etwas
Doj	beeindruckend (sein)
Dol	Einheit
Dom	Radan (unbearbeiteter Dilithiumkristall)
Don	parallel (sein)
Dop	Seite
Doq	orange, rot (sein)
DoQ	abstecken (ein Territorium)

Dor	eskortieren
DoS	Ziel
Dotlh	Status
Doy’	müde (sein)
Doy’yuS	Troyius (Planet)
Do’	Glück haben
Do’	glücklicherweise (Adv.)
Dub	Rücken
Dub	verbessern
DuD	mischen, vermischen
Dugh	wachsam (sein)
DuH	möglich (sein)
DuH	Möglichkeit, Option
Duj	Instinkt
Duj	Schiff, Fahrzeug
Dum	schlafen, einnicken
Dun	großartig, wunderbar (sein)
Dung	Bereich, oberhalb oder unterhalb liegend
Dup	Strategie
DuQ	stechen (mit einem Messer)
DuS	Torpedorohr
DuSaQ	Schule
Duv	fortschreiten
Duy	Agent, Abgesandter
Duy’	defekt (sein), nicht funktionieren
Duy’	Defekt
Du’	Bauernhof
ghagh	gurgeln
ghaH	er/sie, ihm/ihr (Pron.)
ghaj	haben, besitzen
ghap	entweder/oder (bei Nomen)
ghaq	beitragen, dazugeben
ghar	diplomatische Beziehungen aufnehmen
ghar	Diplomatie
ghargh	Schlange, Wurm
gharwI’	Diplomat
ghatlh	dominieren
ghegh	rau (sein)
ghem	Mitternachtsmahl
ghIb	zustimmen

ghIch	Nase
ghIgh	Halskette, Schmuck
ghIH	unordentlich, nachlässig (sein)
ghIj	erschrecken
ghIm	exilieren, ins Exil gehen
ghIpDIj	Kriegsgericht
ghIQ	Urlaub machen
ghIr	heruntersteigen, niedergehen
ghItlh	Manuskript
ghItlh	schreiben
gho	Kreis, Zirkel
ghob	Ethik, Sitten
ghobe'	Nein! (exklamativer Ausdruck)
ghoch	Ziel, Schicksal
ghoD	stopfen, füllen
ghogh	Stimme, Ruf
ghoH	argumentieren, disputieren
ghoj	lernen
ghojmoH	lehren, instruieren
ghojwI'	Student, Schüler
ghol	Feind, Opponierender
ghom	Gruppe, Zusammenschluss
ghom	treffen, zusammenschließen
ghomHa'	verstreuen, auseinandergehen
ghom'a'	Menge
ghong	missbrauchen
ghong	Missbrauch
ghop	Hand
ghopDap	Asteroid
ghoq	spionieren
ghoqwI'	Spion
ghor	brechen
ghor	Planetenoberfläche
ghorgh	Wann?
ghoS	fortbewegen
ghoS	vorstoßen
ghot	Person (humanoid)
ghov	erkennen
gho'	auf etwas treten, auftreten
gho'Do	Unterlichtgeschwindigkeit
ghu	Baby, Kleinkind

ghuH	Bereitschaft
ghuH	bereithalten, in Alarmbereitschaft sein
ghuHmoH	warnen
ghum	Alarm
ghum	alarmieren
ghun	programmieren
ghung	hungrig sein
ghup	schlucken
ghur	erhöhen
ghuS	bereit sein, fertigmachen
ghu’	Situation
Hab	glatt (sein)
HabII’	Sendeanlage für Daten
Hach	entwickelt, zivilisiert (sein)
HaD	studieren, erkunden
Hagh	lachen
Haj	fürchten, Angst haben
Hal	Quelle
HanDogh	(Motor-) Gondel
Hap	Materie
Haq	Operation (medizinisch)
HaQchor	Saccharin, Zucker
Har	glauben
HaSta	Monitor, Display
Hat	illegal (sein)
Hat	Temperatur
Hatlh	Land, Landschaft
Haw’	fliehen, verlassen
Hay’	duellieren
Ha’	Los! Auf geht’s! (Exklam.)
Ha’DIbaH	Tier
He	Kurs, Route
Hech	intendieren, im Begriff (sein)
HeD	zurückziehen
HeDon	Parallelkurs
Hegh	sterben
HeghmoH	tödlich (sein)
HeH	Rand, Kante
Hej	rauben, stehlen
Hem	stolz (sein)

HeQ	einwilligen, erfüllen
Hergh	Medizin, Arznei
HeS	Verbrechen
HeS	Verbrechen begehen
HeSwI’	Krimineller, Verbrecher
Hev	empfangen
He’	riechen, ausdünsten
He’So’	stinken
HIch	Handfeuerwaffe
HIchDal	Schleuse
HIDjolev	Menü
HIgh	unehrenhaft kämpfen
HIja’	Ja. Wahrlich. (Antwort auf Ja/Nein-Fragen)
HIp	Uniform
HIq	Likör, Schnaps
HISlaH	Ja. Wahrlich. (Antwort auf Ja/Nein-Fragen)
HIv	angreifen
HIvje’	Glas, Trinkgefäß
HI’	Diktator
HI’tuy	Diktatur
Hob	gähnen
Hoch	jedermann, alles, jedes
HoD	Kapitän
Hogh	Woche (klingonische)
HoH	töten
HoH’egh	Selbstmord begehen
Hoj	vorsichtig (sein)
Hol	Sprache
Hom	Knochen
Hon	zweifeln
Hong	Impulskraft
Hop	entfernt, weit weg (sein)
Hoq	Expedition
Hoqra’	Trikorder
HoS	stark (sein)
HoS	Stärke, Energie, Macht
HoSchem	Energiefeld
HoSDo’	Lebewesen (aufgebaut aus reiner Energie)
HoSghaj	mächtig (sein)
Hot	berühren, fühlen
Hotlh	projizieren, auf den Schirm geben

Hotlh	scannen
HotlhwI'	Scanner
Hov	Stern
Hovtay'	Sternensystem
Hoy'	gratulieren
Ho'	bewundern
Ho'	Zahn
Ho''oy'	Zahnschmerzen
Hu	Zoo
Hub	verteidigen
Hub	Verteidigung
Huch	Geld
HuD	Berg, Hügel
Hugh	Kehle
Huj	laden, aufladen
Huj	seltsam (sein)
Hum	klebrig (sein)
Human	Mensch
Hung	Sicherheit
Hup	bestrafen
Huq	aushandeln, ein Geschäft abschließen
Hur	außerhalb liegende, Außen
Hurgh	dunkel (sein)
Hurgh	Gurke
HuS	hängen
Hut	neun (Num.)
HutDIch	Neunte (Num.)
Huv	klar, nicht trüb (sein)
Huy'	Augenbraue
Hu'	vor x Tagen
Hu'	aufstehen, sich erheben
jab	Essen servieren
jabbI'ID	Datenübertragung
jach	schreien, kreischen
jagh	Feind
jaH	gehen
jaj	Tag (von Dämmerung zu Dämmerung)
jajlo'	Dämmerung
jan	Gerät
jang	anworten

jaq	kühn, mutig (sein)
jar	Monat (klingon. Zeitmaß)
jat	Zunge
jatlh	sprechen
jav	sechs (Num.)
javDIch	Sechste
jaw	Herr, Meister
jaw	unterhalten
ja'	sagen
ja'chuq	diskutieren, Konferenz abhalten
je	und (bei Nomen)
jech	verschleiern, maskieren
jegh	aufgeben
jeH	geistig abwesend (sein)
jej	scharf, geschliffen (sein)
jen	hoch, hochgestellt (sein)
jeQ	selbstsicher (sein)
jeS	anteilig (sein), partizipieren
jev	stürmen
jey	besiegen
je'	kaufen, erstehen
je'	füttern, versorgen (einen anderen)
jIb	Kopfhaar
jIH	ich, mir (Pron.)
jIH	Anzeigetafel, Schirm
jIj	kooperativ (sein)
jIl	Nachbar
jInmol	Projekt
jIp	Strafe
jIv	unwissend (sein)
jo	Ressourcen
joch	gefährlich (sein)
joD	bücken, beugen
joH	Herr, Meister
joj	Bereich, Raum zwischen etwas
jojlu'	Konsul
jol	beamen, transportieren
jol	Transporterstrahl
jolpa'	Transporterraum
jolvoy'	Ionisierungseinheit des Transporters
jon	fangen, gefangennehmen

jonta’	Maschine
jonwI’	Maschinist
joq	flattern
joq	und/oder (bei Nomen)
joqwI’	Fahne, Flagge
jor	explodieren
jorwI’	Geschoss, Explosivgeschoss
joS	Gerücht, Tratsch
joS	tratschen
jot	kühl, ruhig (sein)
jotHa’	unruhig (sein)
jotlh	zerlegen
joy’	foltern
jo’	Maschinerie
jub	unsterblich (sein)
jubbe’	sterblich (sein)
juH	Heimat, Zuhause
jum	seltsam, ungewöhnlich (sein)
jun	ausweichen, umgehen
jup	Freund (m., f.)
juS	überholen
juv	messen
lab	Daten übertragen (weg)
lach	übertreiben
laD	lesen
laH	Möglichkeit, Fähigkeit
laj	akzeptieren
laj	Akzeptanz
lalDan	Religion
lam	schmutzig (sein)
lam	Schmutz
lan	platzieren, stellen
lang	dünn (sein)
laQ	feuern, Energie erhöhen
largh	riechen, Gerüche wahrnehmen
laSvargh	Fabrik
law’	vielfach, viele (sein)
lay’	versprechen
la’	Commander (milit. Rang)
legh	sehen

leH	Instandhaltung
leH	Instandhalten
lel	hinausgehen, heraustragen
leng	Wanderung, kleinere Reise, Trip
leng	reisen
lengwI’	Wanderer, Reisender
leQ	Schalter
leS	in x Tagen
leS	ruhen, ausruhen
leSpoH	Landurlaub
let	hart, stark (sein)
le’	außergewöhnlich (sein)
lIgh	reiten
lIH	einführen, vorführen
lIj	vergessen
lIm	Panik
lInDab	Spionage
lIng	produzieren, hervorbringen
lIq	zusammenschließen, versammeln
lIS	justieren, richten
lIy	Komet
lI’	nützlich (sein)
lI’	Daten übertragen (hin)
lob	gehorchen
lobHa’	nicht gehorchen
loch	Schnurrbart
loD	Mann, männlich
loDHom	Junge
loDnal	Ehemann, Gatte
loDnI’	Bruder
logh	Raum, Weltraum
loH	verwalten
loH	Verwaltung
loj	weg sein
lojmIt	Tür, Durchgang, Tor
lolSeHcha	Richtdüsen
lom	Leiche, Leichnam
lon	abbrechen, Hoffnung aufgeben
lop	feiern
loQ	leicht, ein bisschen (Adv.)
loS	vier (Num.)

loS	warten auf etwas
loSDIch	Vierte
loSpev	Quadrotritical
lot	Katastrophe
lotlh	rebellieren
lotlhwI'	Rebell
loy	raten, überlegen
lo'	benutzen, verwenden
lo'laH	Wert besitzen, von Wert sein
lo'laHbe'	wertlos, nutzlos (sein)
luch	Ausrüstung, Ausstattung
lugh	recht haben
luH	reißen, zerren
luj	versagen
lulIgh	Zuflucht
lum	verschieben, aufschieben
lup	Sekunde
lup	transportieren
luq	Ja! Okay! Das werde ich (tun)! (Exklam.)
lur	Pupille
lurDech	Tradition
lut	Geschichte, Erzählung
lutlh	primitiv, unterentwickelt (sein)
lu'	Ja! Okay! Das werde ich (tun)! (Exklam.)
mab	Abkommen, Übereinkommen
mach	klein (sein)
magh	betrügen, verraten
maghwI'	Betrüger, Verräter
maH	zehn (Num.)
maH	wir, uns (Pron.)
maj	Gut! (Exklam.)
majQa'	Sehr gut (gemacht)! (Exklam.)
malja'	Gewerbe, Geschäft
mang	Soldat
mangghom	Armee
maq	proklamieren, verkünden
maS	Mond
maS	vorziehen, bevorzugen
maSwov	Mondlicht
matHa'	Schütze

mavjop	Papierklammer
maw	beleidigen, kränken, angreifen
maw’	verrückt (sein)
may	fair, gerecht (sein)
may’	Kampf
may’Duj	Kampfkreuzer
may’morgh	Schlachtordnung
ma’	anpassen
meb	Gast
mech	handeln
megh	Mahlzeit, Mittagessen
meH	Schiffsbrücke
mem	Katalog
mep	Plastik, Kunststoff
meq	Grund, Motiv
meq	begründen
meQ	brennen, verbrennen
mer	überraschen
mev	aufhören, stoppen, anhalten
mIch	Sektor, Zone
mID	Kolonie
mIgh	böse, gefährlich (sein)
mIm	verspäten
mIn	Auge
mIp	reich, wohlhabend (sein)
mIqta’	Maschinerie, Technik
mIr	Kette
mIS	verwirrt, konfus (sein)
mIS	Konfusion, Verwirrung
mISmoH	verwirren
mIv	Helm
mIy	rühmen, prahlen
mI’	Nummer, Zahl
mob	allein (sein)
moch	Vorgesetzter
moD	beeilen (sich)
mogh	frustriert (sein)
moH	hässlich (sein)
moHaq	Präfix
moj	werden
mojaq	Suffix

mol	graben
mol	Grab
mon	Hauptstadt
mong	Nacken
mongDech	Kragen
mop	Gewand, Robe
moQ	Sphäre, Kugel
moS	Kompromiss schließen
motlh	gewöhnlich (sein)
motlhbe’	ungewöhnlich (sein)
moy’bI’	Steinschleuder, Katapult
mo’	Käfig
mub	legal (sein)
much	präsentieren
much	Vorstellung, Präsentation
muD	Atmosphäre
mugh	übersetzen
mughato’	Mugato
mughwI’	Übersetzer
muH	exekutieren
muj	unrecht haben, falsch sein
mul	stur (sein)
mung	Abstammung, Ursprung
mup	aufschlagen
muS	hassen, verabscheuen
mut	egoistisch (sein)
mut	Spezies
muv	beitreten, teilnehmen, anschließen
mu’	Wort
mu’ghom	Wörterbuch, Diktionär
mu’tay’	Vokabeln, Wortschatz
mu’tlhegh	Satz
nab	planen
nach	Kopf
naDev	hier
nagh	Stein, Fels
naj	träumen
nap	einfach (sein)
nargh	erscheinen, auftauchen
naS	bösartig (sein)

nav	Papier
nawlogh	Staffel, Geschwader, Schwadron
naw’	zugreifen, Zugriff
nay	heiraten (aus Sicht der Frau)
nay’	Gericht einer Speisenfolge
nech	seitlich bewegen (sich)
negh	Soldaten (Pl.)
neH	wollen, begehren
neH	nur, einfach (Adv.)
neHmaH	Neutrale Zone
nej	suchen, Ausschau halten
nem	x Jahre von jetzt
nep	lügen, verheimlichen
net	dieses (topisch, Pron.)
netlh	zehntausend (Num.)
ne’	Bootsmann
nIb	identisch (sein) mit etwas
nIch	Munition
nID	versuchen, probieren
nIH	rechts, rechte Seite (Lok.)
nIH	stehlen
nIHwI’	Dieb
nIj	lecken, undicht (sein)
nIn	Treibstoff
nIQ	Frühstück
nIS	behindern, unterbrechen
nItlh	Finger
nIv	überlegen (sein)
nIvnav	Pyjama
nI’	lange, von langer Dauer (sein)
nob	Geschenk
nob	geben
noch	Sensor
noD	vergelten
nogh	winden, krümmen (sich)
noH	beurteilen, verurteilen
noj	verleihen
nol	Begräbnis, Beerdigung
nom	schnell (Adv.)
non	verfault (sein)
nong	leidenschaftlich (sein)

nop	auslassen
noSvagh	Deodorant
not	niemals (Adv.)
nov	Fremder, Alien
nov	fremd (sein)
noy	berühmt, bekannt (sein)
no'	Vorfahren (Pl.)
nub	verdächtig (sein)
nubwI'	Vorgänger
nuch	Feigling
nuD	begutachten, examinieren
nugh	Gesellschaft
nuH	Waffe
nuHHom	Waffe, kleinere
nuj	Mund
num	fördern, befördern (jemanden)
nung	vorangehen, vorausgehen
nup	herabsetzen, vermindern
nural	Neural (Planet)
nuralngan	Neuralese
nuq	Was? (Fragepart.)
nuqDaq	Wo? (Fragepart.)
nuqneH	Was willst Du? (Begrüßung)
nuQ	ärgern, belästigen
nur	Würde
nuS	spotten, auslachen
nuv	Person (menschlich)
ngab	verschwinden
ngach	debattieren, streiten
ngan	Einwohner
ngaq	Unterstützung, militärische
ngaS	beinhalten
ngat	Schießpulver
ngav	Schreibkrampf
ngeb	falsch, gefälscht, unecht (sein)
ngech	Tal
ngeD	einfach, leicht (sein)
ngeH	schicken, senden
ngej	infizieren
ngem	Wald

ngeng	See
ngep	hinwegsetzen über (sich)
nger	Theorie
ngev	verkaufen
nge’	mitnehmen, wegnehmen
ngIl	wagen, trauen
ngIm	verwest (sein)
ngIp	borgen, ausborgen
ngIv	patrouillieren
ngoD	Tatsache
ngoH	schmieren
ngoj	rastlos (sein), unruhig
ngong	Experiment
ngong	experimentieren
ngoq	Code
ngoQ	Ziel, Zweck
ngor	betrügen, schummeln
ngoS	auflösen
ngotlh	fanatisch (sein)
ngoy’	verantwortlich (sein)
ngo’	alt, gebraucht (sein)
ngup	Umhang
ngu’	identifizieren

pab	befolgen, Regeln folgen
pab	Grammatik
pagh	nichts, kein
pagh	entweder/oder (bei Sätzen)
pagh	null, zero (Num.)
paH	Robe, Umhang
paj	resignieren
paq	Buch
paQDI’norgh	Lehren, Unterweisungen
par	nicht mögen
parHa’	mögen
paSlogh	Socken (Pl.)
pat	System
pav	dringend, dringlich (sein)
paw	ankommen
paw’	kollidieren
pay	bedauern

pay’	plötzlich
pa’	dort (drüben)
pa’	Raum, Zimmer
peD	schneien
pegh	verheimlichen
pegh	Geheimnis
pej	abreißen, zerstören
pem	Tag, am Tage
pemjep	Mittag
peng	Torpedo
pep	erheben, heben
per	Bezeichnung, Schild
per	bezeichnen
pey	Säure
pe’	schneiden
pIch	beschuldigen
pIch	Fehler, Schuld
pIgh	Ruinen
pIH	erwarten
pIH	verdächtig (sein)
pIj	oft, oftmals (Adv.)
pIm	verschieden (sein)
pIn	Boss, Chef
pIp	Rückgrat
pIqaD	klingonisches Notationssystem
pItlh	Geschafft! (Exklam.)
pIv	gesund (sein)
pIvghor	Warpantrieb
pIvlob	Warpfaktor
pI’	dick, fett (sein)
po	Morgen, am Morgen
pob	Körperbehaarung
poch	pflanzen
poD	beschnitten (sein)
poDmoH	kürzen, beschneiden
pogh	Handschuh
poH	Zeitabschnitt
poH	Zeit messen
poj	Analyse
poj	analysieren
pol	weghalten, verstecken

pom	Ruhr (Krankheit)
pon	überzeugen
pong	Name
pong	nennen
poq	Magenschmerzen (Pl.)
poQ	fordern, verlangen
porgh	Körper
poS	links, linke Seite
poS	offen, geöffnet (sein)
poSmoH	öffnen
potlh	wichtige Angelegenheit
pov	Nachmittag, am Nachmittag
pov	ausgezeichnet (sein)
po'	erfahren (sein), Expertenschaft besitzen
pub	kochen
puch	Toilette
puchpa'	Toilette (Raum)
pugh	Bodensatz
puH	Land, Festland
puj	schwach (sein)
pujmoH	schwächen
pujwI'	Schwächling
pum	Anklage
pum	anklagen
pum	fallen
pung	Gnade
pup	perfekt, exakt (sein)
pup	treten
puq	Kind, Nachkomme
puqbe'	Tochter
puqloD	Sohn
puQ	etwas satt haben
puS	wenig (sein)
puS	anvisieren
puv	fliegen
puy	verwracken
puyjaq	Nova
pu'	Phaser
pu'beH	Phasergewehr
pu'beq	Phasermannschaft

pu'DaH	Phaserbänke (Pl.)
pu'HIch	Phaserpistole, Handphaser
qab	böse, schlecht (sein)
qab	Gesicht
qach	Gebäude, Struktur
qagh	unterbrechen
qaH	Herr, mein Herr (Anrede)
qal	korrupt (sein)
qalmoH	korrumpieren
qam	Fuß
qama'	Gefangener
qan	alt (nicht jung) sein
qap	bestehen auf etwas, insistieren
qaS	passieren, vorkommen
qat	wickeln, einwickeln
qatlh	Warum? (Frage)
qaw	erinnern
qawHaq	Datenspeicher
qawmoH	erinnern (jemanden)
qay'	problematisch (sein), ein Problem darstellen
qa'vam	Genesis
qech	Idee
qeD	räumen, entleeren
qeH	übelnehmen, sich ärgern über etwas
qej	gemein (sein)
qelI'qam	Kellicam (kling. Maßeinheit)
qem	bringen
qempa'	Vorfahre
qeng	tragen
qep	Treffen
qeq	Drill, militärischer
qeq	vorbereiten, trainieren
qeS	Ratschlag
qeS	Rat geben, vorschlagen
qet	rennen, laufen
qetlh	langweilig, uninteressant (sein)
qev	drängen, zusammenrotten, versammeln
qevaS	Kevas
qevpob	Wange
qIb	Galaxie

qIbHeS	Galaxienrand
qIch	verdammen
qIgh	Abkürzung
qIH	begegnen, erstmalig
qIj	schwarz (sein)
qIl	annullieren
qIm	konzentrieren (auf), Achtung zollen
qImHa’	missachten
qIp	schlagen (mit Faust oder Hand)
qIQ	meutern, sich auflehnen
qIv	Knie
qI’	unterzeichnen
qoch	Partner
qogh	Gürtel, Umgürtelung
qoH	Narr
qoj	und/oder (bei Sätzen)
qoj	Klippe
qon	aufzeichnen
qop	arrestieren, gefangennehmen
qoq	Roboter
qor	ergattern
qorDu’	Familie
qotlh	kitzeln
qoS	Geburtstag
qoy’	betteln, bitten
qub	selten (sein), rar (sein)
quch	entführen, kidnappen
qugh	kreuzen
quHvaj	Kopfschuppen (Pl.)
qul	Feuer
qum	regieren
qum	Regierung
qun	Geschichte
qun	schimpfen mit, ausschelten
qup	Ältester
quprIp	Ältestenrat, Rat der Ältesten
quq	gleichzeitig geschehen, passieren
qur	gierig, habsüchtig (sein)
quS	Stuhl
qut	Kristall
qu’	wild (sein)

Qab	Theragen (ein Nervengas)
QaD	trocken (sein)
Qagh	Fehler
Qagh	Fehler machen, fehlerhaft handeln
QaH	Hilfe, helfen
Qam	stehen
Qan	schützen
Qap	funktionieren, arbeiten, Erfolg haben
Qapla'	Erfolg
QaQ	gut (sein)
Qargh	Spalte, Riss
QaS	Truppen (Pl.)
Qat	berühmt, populär (sein)
Qatlh	schwierig (sein)
Qav	letzter (sein)
Qaw'	zerstören
Qay	übertragen, transferieren
Qay'	Geduld verlieren, „explodieren"
Qa'	klingonisches Tier
Qeb	Ring, Fingerring
QeD	Wissenschaft
QeDpIn	Wissenschaftsoffizier
QeH	Zorn, Wut
QeH	zornig, wütend (sein)
Qel	Doktor, Arzt
Qey	straff, fest (sein)
QeyHa'	lose, unbefestigt (sein)
QeyHa'moH	lösen
QeymoH	anziehen, festzurren
Qe'	Restaurant
QIghpej	klingonischer Schmerzerzeuger
QIb	Schatten
QIch	Sprache, gesprochene
QID	verwunden
QIH	Zerstörung
QIH	zerstören
QIj	erklären
QIp	dumm (sein)
QIt	langsam (Adv.)
QIv	unterlegen, untergeben (sein)
QI'	Militär

Qob	gefährlich (sein)
Qob	Gefahr
Qoch	nicht zustimmen
Qochbe’	übereinstimmen
QoD	Maschinen manövrieren
Qogh	Krol, klingonisches Tier
Qoj	Krieg führen
Qom	ein Erdbeben erleben
QonoS	Bericht, Logbuch
Qong	schlafen
Qop	erschöpft, abgenutzt (sein)
QopmoH	abtragen, abnutzen (Kleidung)
Qorgh	sorgen für etwas
QoS	bedauern, bereuen
Qot	hinlegen, zurücklehnen
Qotlh	ausschalten, unfähig machen
Qoy	hören
Qo’	Nein! Das werde ich nicht! (Exklam.)
Qub	denken
Quch	Stirn
Quch	glücklich (sein)
QuchHa’	unglücklich (sein)
QuD	Aufstand, Revolte
Qugh	Katastrophe, Desaster
Quj	Spiel
Quj	spielen
Qul	erforschen
Qum	kommunizieren
QumpIn	Kommunikationsoffizier
QumwI’	Kommunikator
Qup	jung (sein)
QuQ	Maschine, Antrieb
QuS	Verschwörung
QuS	verschwören
Qut	gewöhnlich, vulgär (sein)
Quv	Koordinaten
Qu’	Aufgabe, Mission
raD	zwingen
ragh	zerfallen, rosten
ral	gewalttätig (sein)

ram	unwichtig, trivial (sein)
ram	Nacht
ramjep	Mitternacht
rap	gleich, identisch (sein)
rar	verbinden
raQ	Lager, Camp (milit.)
raQpo’	Passagier
ratlh	bleiben
rav	Boden, Fußboden
ray’	Ziele
ra’	befehlen, kommandieren
ra’wI’	Kommandierender (milit.)
reghuluS	Regulus
reghuluSngan	Regulaner
reghuluS‘Iwghargh	Regulanischer Blutwurm
reH	immer (Adv.)
reH	spielen
rejmorgh	Feigling
rep	Stunde
retlh	Bereich daneben
rewbe’	Bürger, Einwohner
rIgh	lahm (sein)
rIH	einschalten, mit Energie versehen
rIHwI’	Zünder, Starter
rIn	fertig, beendet (sein)
rIp	Versammlung, Zusammenkunft
rIQ	verwundet (sein)
rIQmoH	verwunden
rIvSo’	Botschaft (Gebäude)
rIymuS	Remus
ro	Rumpf (Oberkörper)
roghvaH	Population
roj	Frieden stiften
roj	Frieden
rojHom	Waffenstillstand
rojmab	Friedensabkommen
rol	Bart (Körperbehaarung)
rom	Übereinstimmung
romuluS	Romulus
romuluSngan	Romulaner
rop	krank (sein)

rop	Krankheit, Seuche
ropyaH	Krankenhaus, Krankenstation
roQ	niederlegen, hinstellen
ror	dick, fett (sein)
rotlh	hart, stark (sein)
ro’	Faust
rugh	Antimaterie
ruQ	von Hand bedienen
rup	besteuern, mit Strafe belegen
rur	ähneln, ähnlich (sein)
rut	manchmal (Adv.)
ruv	Gerechtigkeit, Justiz
ru’	vorübergehend, zeitweilig
Sab	verschlechtern, ungünstiger (werden)
Sach	erweitern, ausbreiten
SaD	tausend (Num.)
Sagh	ernst, seriös (sein)
SaH	anwesend (sein), dasein
SaH	sich sorgen, betroffen sein, kümmern
Saj	Tier, Haustier
Sal	ansteigen, aufsteigen
San	Schicksal
SanID	tausend (Num.)
Sang	vernichten, unkenntlich (machen)
Sap	freiwillig melden (sich)
Saq	landen
Saqghom	Landeteam, Außenteam
SaQ	schreien, weinen
Sar	verschieden, vielfach (sein)
Sar	Abwechslung, Vielfalt
SaS	horizontal (sein)
Satlh	Landwirtschaft
Saw	heiraten (aus Sicht des Manns)
Say’	sauber, rein (sein)
Sa’	General (milit. Rang)
Segh	Rasse, Sorte, Gattung
SeH	kontrollieren
SeHlaw	Kontrollkonsole
Seng	Ärger machen

Seng	Ärger, Ungelegenheit
Sep	züchten, hervorbringen
Sep	Region, Gegend
Seq	seismische Spalte, Bodenriss
Ser	Fortschritt
SermanyuQ	Sherman-Planet
SeS	Dampf
Sev	Verband, Bandage
Sev	in Schach halten (z. B. einen Feind)
Sey	aufgeregt (sein)
SeymoH	aufregen, erregen
Se’	Frequenz
SIbDoH	Satellit
SIch	erreichen (einen Ort)
SID	Patient
SIgh	Einfluss
SIH	biegen, krümmen
SIj	schneiden, schlitzen
SIm	rechnen, kalkulieren
SIp	Gas
SIQ	ertragen, aushalten
SIS	regnen
SIv	sich wundern
Soch	sieben (Num.)
SochDIch	Siebente (Num.) (m., f., n.)
SoD	überschwemmen
SoD	Flut, Überschwemmung
SoH	du (Pro.)
Sol	streiten
Som	Hülle
Somraw	Muskel
Son	erleichtern, entlasten
Sop	essen
SoQ	Rede, Anrede
SoQ	geschlossen, zu (sein)
SoQmoH	schließen
Sor	Baum
Sorgh	sabotieren
SoS	Mutter
SoSnI’	Großmutter
Sot	in Not befinden

Sotlaw'	Notruf
Sov	wissen, begreifen
Soy'	ungeschickt, schwerfällig (sein)
So'	verstecken, tarnen
So'wI'	Tarnvorrichtung
Sub	fest, solide (sein)
Such	besuchen
SuD	grün, blau, gelb (sein)
SuH	Fertig! Bereit halten! (Exklam.)
Suj	stören, unterbrechen
Sun	Disziplin
Sung	Einheimischer
Sup	überspringen
Sup	Vorrat, Ressource
Suq	bekommen, erhalten
SuQ	giftig (sein)
Surchem	Kraftfeld
Surgh	häuten, schälen
SuS	Wind, Brise
Sut	Kleidung
Sutlh	verhandeln
Suv	kämpfen
Suy	Kaufmann
SuyDuj	Handelsschiff, Schiff eines Händlers
Su'	Fertig! Bereit halten! (Exklam.)
ta	Protokoll, Aufzeichnung
tach	Bar, Kneipe
taD	gefroren (sein)
taDmoH	frieren
taH	in einem negativen Winkel (sein)
taj	Dolch, Messer
tam	ruhig, leise (sein)
tam	austauschen
tammoH	beruhigen, leise stellen
taQ	unheimlich (sein)
taQbang	Auspuff
tar	Gift
taS	Lösung (Flüssigkeit)
tat	Ion (Partikel)
tay	zivilisiert (sein)

taymoH	zivilisieren
tayqeq	Zivilisation
tay’	zusammen (sein)
ta’	erreichen
ta’	Leistung
ta’	Herrscher, Imperator
teb	füllen, auffüllen
teblaw’	Jurisdiktion
teH	wahr (sein)
tej	Wissenschaftler
tel	Flügel
telun Hovtay’	Tellun-System
tem	abstreiten, leugnen
ten	einsteigen, besteigen
tengchaH	Raumstation
tep	Fracht
tepqengwI’	Frachttransporter
teq	entfernen, wegnehmen
tera’	Erde (Planet)
tera’ngan	Erdbewohner, Terraner
tet	schmelzen
tev	Preis, Trophäe
tey’	anvertrauen (sich)
tI	Vegetation
tIch	beleidigen
tIgh	Gewohnheit, Sitte
tIH	Strahl
tIj	an Bord gehen
tIn	groß (sein)
tIq	lang, länglich (sein)
tIq	Herz
tIQ	alt, altertümlich (sein)
tIr	Getreide
tIS	leicht (sein)
tIv	genießen
tI’	reparieren
tob	beweisen, nachweisen
toch	Handfläche
toD	retten, bewahren
togh	zählen
toH	Aha! So! (Exklam.)

toj	täuschen, trügen
tongDuj	Frachschiff
toplIn	Topalin
toq	bewohnt (sein)
tor	knien, niederknien
toS	klettern, klimmen
toy'	dienen (einem Herren)
toy'wI'	Diener, Bediensteter
to'	Taktik
tuch	verbieten, untersagen
tugh	bald (Adv.)
tuH	schämen, sich
tuH	Manöver (milit. Ausdruck)
tuHmoH	beschämen
tuj	heiß (sein)
tuj	Hitze
tul	hoffen
tum	Dienststelle
tun	weich (sein)
tung	entmutigen
tungHa'	ermutigen
tup	Minute
tuQ	tragen (Kleidung)
tuQDoq	Verstandessonde (med. Ausdruck)
tuQHa'moH	ausziehen, entkleiden
tuQmoH	anziehen, bekleiden
tut	Kolonne
tuv	geduldig (sein)
tu'	finden, entdecken, observieren
tlhab	frei, unabhängig (sein)
tlhab	Freiheit, Unabhängigkeit
tlhap	nehmen
tlhaq	Chronometer
tlhaQ	lustig (sein)
tlha'	folgen, jagen
tlheD	verlassen, abreisen
tlhegh	Linie, Seil
tlhej	begleiten
tlhetlh	fortschreiten, Fortschritt (machen)
tlhe'	wenden, drehen

tlhIb	inkompetent (sein)
tlhIch	Rauch
tlhIH	ihr (Pron.) (Pl.)
tlhIl	schürfen
tlhIl	Mineral
tlhIlwI’	Bergmann
tlhIngan	Klingone
tlhIngan wo’	Klingonisches Imperium
tlhIv	insubordiniert (sein)
tlhob	fragen, bitten
tlhoch	widersprechen
tlhogh	Heirat
tlhoj	realisieren
tlhol	roh, unbearbeitet (sein)
tlhon	Nasenloch, Nüster
tlhong	tauschen, feilschen, handeln
tlhoQ	Konglomeration
tlhov	keuchen
tlhuch	ausstoßen
tlhuH	Atem
tlhuH	atmen
tlhup	wispern, flüstern
tlhutlh	trinken
tlhu’	versucht (sein)
tlhu’moH	verführen

vagh	fünf (Num.)
vaghDIch	Fünfte (Num.)
vaH	Halfter, Pistolenhalfter
vaj	so, dann, in dem Fall (Adv.)
val	klug, intelligent (sein)
van	begrüßen
vang	handeln, agieren
vaQ	aggressiv (sein)
vatlh	hundert (Num.)
vatlhvI’	Prozent
vav	Vater
vavnI’	Großvater
vay’	jemand, etwas
veH	Grenze, Begrenzung
vem	aufwachen, erwachen

vemmoH	aufwecken, erwecken
veng	Stadt
vengHom	Dorf
veQ	Abfall
veQDuj	Müllfrachter
vergh	docken
vergh	Dock
veS	Krieg
vetlh	Schabe
vIj	Antriebsdüse
vIng	jammern, jaulen
vIt	die Wahrheit sagen
vI'	akkumulieren
voDleH	Herrscher, Imperator
vogh	irgendwo
voHDajbo'	Lösegeld
volchaH	Schulter
vong	hypnotisieren
voq	trauen, vertrauen
voqHa'	misstrauen
voQ	würgen
vor	heilen
vo'	antreiben, treiben
vub	Geisel
vuD	Meinung
vul	bewusstlos (sein)
vulqan	Vulkan (Planet)
vulqangan	Vulkanier
vum	arbeiten
vup	bedauern, bemitleiden
vuQ	faszinieren
vuS	limitieren, begrenzen
vut	kochen, Essen zubereiten
vutpa'	Kombüse, Küche
vuv	respektieren
vu'	leiten, verwalten
vu'wI'	Manager
wam	jagen
wanI'	Ereignis, Phänomen
waq	Schuh

waQ	blockieren, versperren
watlh	rein, pur (sein)
wav	trennen, teilen
waw’	Basis (milit. Ausdruck)
wa’	eins (Num.)
wa’DIch	Erste (Num.)
wa’Hu’	gestern
wa’leS	morgen
wa’logh	einmal (Adv.)
wa’maH	zehn (Num.)
wa’maHDIch	Zehnte
web	in Ungnade fallen
wegh	begrenzen, einschränken
weH	Überfall
wej	noch nicht (Adv.)
wej	drei (Num.)
wejDIch	Dritte (m., f., n.) (Num.)
wejpuH	entzückend (ironisch gebraucht) (Exklam.)
wem	gewalttätig (sein)
wem	Gewalt, Verletzung
wep	Jacke
wew	glühen, glimmen
wIb	sauer (sein)
wIch	Mythos
wIgh	Genie
wIH	rücksichtslos, unbarmherzig (sein)
wIj	bewirtschaften, Land bauen
wIv	Wahl, Auswahl
wIv	entscheiden, auswählen
wIy	Taktische Darstellung
woD	wegwerfen, fortwerfen
woH	aufnehmen
woQ	Autorität, politische Macht
woS	Kinn
wot	Verb
wov	hell (sein)
wo’	Imperium
wuq	entscheiden
wuQ	Kopfschmerzen (haben)
wuS	Lippe

wutlh	Untergrund
wuv	sich auf etwas verlassen/stützen
ya	Taktischer Offizier
yab	Verstand, Gehirn
yach	streicheln
yaD	Zeh
yaH	Station
yaj	verstehen
yajHa'	missverstehen
yap	genug, ausreichend (sein)
yaS	Offizier
yav	Grund, Boden
yay	Sieg, Triumph
yay'	schockiert, niedergeschmettert (sein)
yej	Versammlung, Zusammenkunft
yem	sündigen
yep	vorsichtig (sein)
yepHa'	sorglos (sein)
yeq	kooperieren
yev	innehalten, Pause machen
yIb	Öffnung, Schlitz
yIH	Tribble (Tier)
yIn	leben
yIn	Leben
yInroH	Lebenszeichen
yIntagh	Lebenserhaltungssystem
yIQ	nass (sein)
yIt	gehen
yIv	kauen
yIvbeH	Tunika
yob	ernten
yoD	Schutzschild, abschirmen
yoH	tapfer (sein)
yoj	Entscheidung, Urteil
yol	Konflikt
yon	zufrieden (sein)
yonmoH	zufriedenstellen
yong	einsteigen
yopwaH	Hose
yoq	Humanoid

yoS	Bereich, Areal, Distrikt
yot	Invasion
yot	erobern
yotlh	Feld (Land)
yov	beauftragen (militärisch)
yoy	umgekehrt, umgedreht (sein)
yo'	Flotte
yuch	Schokolade
yuD	unehrlich (sein)
yuDHa'	ehrlich, aufrichtig (sein)
yupma'	Festival
yuQ	Planet
yuQHom	Planetoid
yuQjIjDIvI'	Vereinigte Föderation der Planeten
yuQjIjQa'	Vereinigte Föderation der Planeten
yuv	drücken, schieben
yu'	fragen, befragen
yu'egh	Welle
'a	aber, im Gegensatz (Konj.)
'ach	aber, im Gegensatz (Konj.)
'aD	Ader, Vene
'ang	zeigen
'ar	Wieviel? Wieviele?
'argh	verschlechtern, schlechter machen
'av	bewachen
'avwI'	Wache, Wächter
'aw'	stechen
'ay'	Sektion
'eb	Gelegenheit, Möglichkeit
'eH	Fertig! (Exklam.)
'ej	und (satzverbindend) (Konj.)
'ejDo'	Raumschiff
'ejyo'	Sternenflotte
'ejyo'waw'	Sternenbasis, Raumstation
'el	hineingehen
'elaS	Elas (Planet)
'eng	Wolke
'er	Klingonisches Tier
'et	Front, Vorderseite
'etlh	Schwert

'e'	das (Pron.)
'IH	schön (sein)
'Ij	hören, zuhören
'Il	aufrichtig (sein)
'Ip	Eid, Schwur
'Ip	schwören
'IQ	traurig (sein)
'ISjaH	Kalender
'It	deprimiert (sein)
'Itlh	entwickelt (sein)
'Iv	Wer? (Fragewort)
'Iv	Höhe, Flughöhe
'Iw	Blut
'och	Tunnel
'ogh	entwickeln, ersinnen
'oH	es (Pron.)
'oj	durstig (sein)
'ol	verifizieren
'ong	schlau, gerissen (sein)
'orghen (ya')	Organia
'orghen (ya') ngan	Organier
'orghen (ya') rojmab	Friedensvertrag von Organia
'oS	repräsentieren
'oSwI'	Abgesandter, Emissär
'ov	bewerben, werben
'oy'	schmerzen
'oy'	Schmerze, Verwundung
'o'	Heck
'ugh	schwer (sein)
'uH	einen Kater (haben)
'um	qualifiziert (sein)
'uQ	Abendessen
'ur	Verrat begehen
'urmang	Verrat, Landesverrat
'urwI'	Verräter
'uS	Bein
'ut	notwendig (sein)
'utlh	Offizier
'uy	niederdrücken, pressen
'uy'	Million (Num.)
'u'	Universum

DEUTSCH – KLINGONISCH

Abendessen	'uQ
aber (Konj.)	'ach, 'a
Abfall	veQ
Abgesandter, Emissär, Botschafter	'oSwI'
Abkommen, Vertrag	mab
Abkürzung	qIgh
abreißen, zerstören	pej
absichtlich (Adv.)	chIch
Abstammung, Ursprung	mung
abstecken (ein Territorium)	DoQ
abtragen, abnutzen (Kleidung)	QopmoH
abtrünnig werden	cheH
abwesend (sein)	Dach
acht (Num.)	chorgh
Achte (Num.)	chorghDIch
Agent, Abgesandter	Duy
aggressiv (sein)	vaQ
Aha! So! (Exklam.)	toH
ähneln	rur
Aide-de-camp, Assistent	boQDu'
akkumulieren	vI'
Akzeptanz	laj

akzeptieren	laj
Alarm	ghum
alarmieren	ghum
albern (sein)	Dogh
allein (sein)	mob
Allianz	boq
alt (nicht jung) sein	qan
alt, altertümlich (sein)	tIQ
alt, gebraucht (sein)	ngo'
Ältestenrat, Rat der Ältesten	quprIp
Ältester	qup
an Bord gehen	tIj
Analyse	poj
analysieren	poj
angreifen	HIv
Anklage	pum
anklagen	pum
ankommen	paw
anleiten, führen	Dev
annullieren	qIl
anpassen	ma'
ansteigen, aufsteigen	Sal
anteilig (sein), partizipieren	jeS
Antimaterie	rugh
antreiben, treiben	vo'
Antriebsdüse	vIj
antworten	jang
anvertrauen (sich)	tey'
anvisieren	puS
anwesend (sein), dasein	SaH
Anzeigetafel, Schirm	jIH
anziehen, bekleiden	tuQmoH
anziehen, festzurren	QeymoH
Ära	bov
arbeiten	vum
Ärger, Ungelegenheit	Seng
Ärger (machen)	Seng
ärgern, belästigen	nuQ
argumentieren, disputieren	ghoH
Arm	DeS
Armee	mangghom

arrestieren, gefangennehmen	qop
Asteroid	ghopDap
Atem	tlhuH
atmen	tlhuH
Atmosphäre	muD
Aufgabe, Mission	Qu’
aufgeben	jegh
aufgeben	lon
aufgeregt (sein)	Sey
aufhören, stoppen, anhalten	mev
auflösen	ngoS
aufnehmen	woH
aufrecht, senkrecht (sein)	chong
aufregen, erregen	SeymoH
aufrichtig (sein)	’Il
aufschlagen	mup
Aufstand, Revolte	QuD
aufstehen, sich erheben	Hu’
aufwachen, erwachen	vem
aufwecken, wecken	vemmoH
aufzeichnen	qon
Auge	mIn
Augenbraue	Huy’
ausgezeichnet (sein)	pov
aushandeln, ein Geschäft abschließen	Huq
auslassen	nop
Auspuff	taQbang
Ausrüstung, Ausstattung	luch
ausschalten, abschalten	Qotlh
Außenteam	Saqghom
Außen	Hur
außergewöhnlich (sein)	le’
ausstoßen (z. B. Rauch)	tlhuch
austauschen	tam
ausweichen, umgehen	jun
ausziehen, entkleiden	tuQHa’moH
Autorität, politische Macht	woQ
Baby, Kleinkind	ghu
bald (Adv.)	tugh

Bar, Kneipe	tach
Bart (Körperbehaarung)	rol
Basis (milit. Ausdruck)	waw’
Bauch	chor
Baum	Sor
beamen, transportieren	jol
beauftragen (militärisch)	yov
bedauern, bereuen	QoS
beeilen (sich)	moD
beeindruckend (sein)	Doj
beeinflussen	SIgh
befehlen, kommandieren	ra’
befolgen, Regeln folgen	pab
befrieden, befriedigen	yonmoH
begegnen, erstmalig	qIH
begleiten	tlhej
begraben	mol
Begräbnis, Beerdigung	nol
begrenzen, einschränken	wegh
begründen	meq
begrüßen	van
begutachten, examinieren	nuD
behindern, unterbrechen	nIS
beibehalten	leH
Beibehaltung, Aufrechterhaltung	leH
Bein	’uS
beinhalten	ngaS
beißen	chop
beitragen, dazugeben	ghaq
beitreten, teilnehmen, anschließen	muv
bekommen, erhalten	Suq
belauschen, horchen	Daq
beleidigen	tIch
beleidigen, kränken, angreifen	maw
bemitleiden	vup
benennen	pong
benutzen, verwenden	lo’
beobachten	bej
Bereich, Areal	yoS
Bereich oberhalb	Dung
Bereich, Raum zwischen etwas	joj

Bereich unterhalb, unten	bIng
bereithalten, in Alarmbereitschaft sein	ghuH
Bereitschaft	ghuH
bereuen	pay
Berg, Hügel	HuD
Bergmann	tlhIlwI’
Bericht, Logbuch	QonoS
beruhigen, zum Schweigen bringen	tammoH
berühmt, bekannt (sein)	noy
berühmt, populär (sein)	Qat
berühren, fühlen	Hot
beschämen	tuHmoH
beschleunigen	chung
beschnitten (sein)	poD
beschreiben	Del
beschuldigen	pIch
beschweren, klagen	bep
besiegen	jey
bestehen auf etwas, insistieren	qap
besteuern, mit Strafe belegen	rup
bestrafen	Hup
bestreiten, abstreiten	tem
besuchen	Such
betrügen, schummeln	ngor
betrügen, verraten	magh
Betrüger, Verräter	maghwI’
betrunken, vergiftet	chech
betteln, bitten	qoy’
beurteilen, schätzen	noH
bewachen	’av
bewahren, beschützen	choq
beweisen, nachweisen	tob
bewerben, werben	’ov
bewirtschaften, Land bauen	wIj
bewohnt (sein)	toq
bewundern	Ho’
bewusstlos (sein)	vul
bezahlen	DIl
bezeichnen	per

Bezeichnung, Schild	per
biegen, krümmen	SIH
blockieren, versperren	waQ
Blut	'Iw
Boden, Fußboden	rav
Bodensatz	pugh
Bootsmann	ne'
borgen, ausborgen	ngIp
bösartig (sein)	naS
böse, gefährlich (sein)	mIgh
böse, schlecht (sein)	qab
Boss, Chef	pIn
Botschaft (Gebäude)	rIvSo'
brechen, durchbrechen	ghor
brennen, verbrennen	meQ
bringen	qem
Bruder	loDnI'
brutal (sein)	Doch
Buch	paq
bücken (sich)	joD
Bürger, Einwohner	rewbe'
Büroklammer	mavjop
Chronometer	tlhaq
Code	ngoq
Commander (milit. Rang)	la'
Computer	De'wI'
Credit (Währungseinheit)	DeQ
Crew, Crewmitglied	beq
Dämmerung	jajlo'
Dampf	SeS
das (Pron.)	'e'
Datenbank	qawHaq
Daten übertragen (hin)	lI'
Daten übertragen (weg)	lab
Datenübertragung	jabbI'ID
debattieren, streiten	ngach
Defekt	Duy'
defekt, beschädigt (sein)	Duy'
Deflektoren	begh

Denebia	DenIb
Denebianer	DenIbngan
denebianischer Schleimteufel	DenIb Qatlh
denken	Qub
Deodorant	noSvagh
depressiv (sein)	'It
desertieren	choS
dick, fett (sein)	pI', ror
Dieb	nIHwI'
dienen (einem Herren)	toy'
Diener, Bediensteter	toy'wI'
Dienststelle	tum
dieses (topisch, Pron.)	net
Diktator	HI'
Diktatur	HI'tuy
Dilithium	cha'puj
Dilithiumkristall	cha'pujqut
Ding, Gegenstand	Doch
Diplomat	gharwI'
Diplomatie	ghar
diplomatische Beziehungen aufnehmen	ghar
diskutieren, Konferenz abhalten	ja'chuq
Disziplin	Sun
Dock	vergh
docken	vergh
Doktor, Arzt	Qel
Dolch, Messer	taj
dominieren	ghatlh
doppelt, verdoppelt, zweimal (Adv.)	cha'logh
Dorf	vengHom
dort (drüben)	pa'
drängen, zusammenrotten, versammeln	qev
drauftreten, auf etwas treten	gho'
drehen	DIng
drei (Num.)	wej
Drill, militärischer	qeq
dringend, dringlich (sein)	pav
Dritte (Num.)	wejDIch
drohen, androhen	buQ

drücken, schieben	yuv
du (Pron.)	SoH
duellieren	Hay'
dumm (sein)	QIp
dunkel (sein)	Hurgh
dünn (sein)	lang
durstig (sein)	'oj
egoistisch (sein)	mut
Ehefrau	be'nal
Ehemann, Gatte	loDnal
Ehre	batlh
ehrenhaft (Adv.)	batlh
ehrlich, aufrichtig (sein)	yuDHa'
Eid, Schwur	'Ip
einen Feind in Schach halten	Sev
ein Erdbeben erleben	Qom
einen Kater (haben)	'uH
einfach (sein), simpel	nap
einfach, leicht (sein)	ngeD
einfallen, eindringen	chargh
einführen, vorstellen	lIH
Einheimischer	Sung
Einheit	Dol
einmal (Adv.)	wa'logh
eins (Num.)	wa'
einschalten, mit Energie versehen	rIH
einschalten, zünden	rIH
einsteigen	yong
einsteigen, besteigen	ten
einverstanden (sein), übereinstimmen	Qochbe'
einwilligen, erfüllen	HeQ
Einwohner	ngan
Eis	chuch
Elas (Planet)	'elaS
empfangen	Hev
empfehlen	chup
Energiefeld	HoSchem
Energiewesen	HoSDo'
entfernen, wegnehmen	teq

entfernt, weit weg (sein)	Hop
entführen, kidnappen	quch
entmutigen	tung
entscheiden	wuq
entscheiden, auswählen	wIv
Entscheidung, Urteil	yoj
entstehen	chen
entweder/oder (bei Nomen)	ghap
entweder/oder (bei Sätzen)	pagh
entwickeln, ersinnen	'ogh
entwickelt (sein)	'Itlh
entwickelt, zivilisiert (sein)	Hach
entzückend (ironisch gebraucht)	wejpuH
er/sie (Pron.)	ghaH
Erdbewohner, Terraner	tera'ngan
Erde (Planet)	tera'
Ereignis, Phänomen	wanI'
erfahren (sein), Expertenschaft besitzen	po'
Erfolg	Qapla'
erforschen	Qul
ergattern	qor
erheben	pep
erhöhen	ghur
erinnern (sich)	qaw
erinnern (jemanden)	qawmoH
erkennen	ghov
erklären	QIj
erlauben, gestatten	chaw'
ermutigen	tungHa'
ernst, seriös (sein)	Sagh
ernten	yob
erobern	yot
erreichen, ankommen	SIch
erreichen, schaffen	ta'
erscheinen, auftauchen	nargh
erschöpft, abgenutzt (sein)	Qop
erschrecken	ghIj
Erste (Num.)	wa'DIch
ertragen, aushalten	SIQ

erwarten	pIH
erweitern, ausbreiten	Sach
es (Pron.)	’oH
eskortieren	Dor
essen	Sop
Essen servieren	jab
etablieren	cher
Ethik, Sitten	ghob
etwas satt haben	puQ
exekutieren	muH
Exemplar, Probe	chovnatlh
exilieren, ins Exil gehen	ghIm
Expedition	Hoq
Experiment	ngong
experimentieren	ngong
explodieren	jor
Fabrik	laSvargh
Fähigkeit	laH
Fahne, Flagge	joqwI’
fair, gerecht (sein)	may
fallen	pum
fallen lassen	chagh
falsch, verschlagen, unecht (sein)	ngeb
Familie	qorDu’
fanatisch (sein)	ngotlh
fangen, gefangennehmen	jon
Farm, Landwirtschaft	Du’
faszinieren	vuQ
faul (sein)	buD
Faust	ro’
Fehler	Qagh
Fehler	pIch
Fehler machen, fehlerhaft handeln	Qagh
feiern	lop
Feigling	nuch
Feind	jagh
Fertig (Exklam.)	’eH
Fertig! Bereit halten! (Exklam.)	SuH,Su’
fertig, beendet (sein)	rIn
fertigmachen	ghuS

fest, solide (sein)	Sub
Festival	yupma’
Feuer	qul
feuern	baH
feuern, Energie erhöhen	laQ
finden, entdecken, observieren	tu’
Fläche, Feld	yotlh
flattern	joq
fliegen	puv
fliehen, verlassen	Haw’
Flotte	yo’
Flügel	tel
Fluss	bIQtIq
Flut, Überschwemmung	SoD
Föderation, Organisation	DIvI’
Föderationskampfschiff	DIvI’may’Duj
folgen, jagen	tlha’
foltern	joy’
fördern, befördern (jemanden)	num
fordern, verlangen	poQ
fortbewegen	ghoS
fortschreiten, Fortschritt (machen)	tlhetlh
Fortschritt	Ser
Fracht	tep
Frachtschiff	tongDuj
Frachttransporter	tepqengwI’
fragen	tlhob
fragen, befragen	yu’
Frau	be’
frei, unabhängig (sein)	tlhab
Freiheit, Unabhängigkeit	tlhab
freiwillig melden (sich)	Sap
fremd (sein)	nov
Fremder, Alien	nov
Frequenz	Se’
Freund	jup
Frieden	roj
Frieden vereinbaren, Frieden stiften	roj
Friedensabkommen	rojmab
Front, Vorderseite	’et
Frühstück	nIQ

frustriert, enttäuscht (sein)	mogh
füllen, auffüllen	teb
fünf (Num.)	vagh
Fünfte (Num.)	vaghDIch
funktionieren, arbeiten, Erfolg haben	Qap
fürchten, Angst haben	Haj
Fuß	qam
füttern, versorgen (einen Anderen)	je'
gähnen	Hob
Galaxie	qIb
Galaxienrand	qIbHeS
Gas	SIp
Gast	meb
Gebäude, Struktur	qach
geben	nob
geboren werden/sein	bogh
Geburtstag	qoS
gedeihen, aufblühen	chep
geduldig (sein)	tuv
Gefahr	Qob
gefährlich (sein)	Qob
Gefangener	qama'
Gefängnis	bIghHa'
gefrieren	taDmoH
gefroren (sein)	taD
Gegner	ghol
Geheimnis	pegh
gehen(irgendwo hin)	jaH
gehen, laufen	yIt
Gehirn, Verstand	yab
gehorchen	lob
Geisel	vub
geistig abwesend (sein)	jeH
Geld	Huch
Gelegenheit, Möglichkeit	'eb
Geliebte, Geliebter	bang
gemein (sein)	qej
General (milit. Rang)	Sa'
Genesis	qa'vam

Genie	wIgh
genießen	tIv
genug, ausreichend (sein)	yap
Gerät	jan
Gerechtigkeit, Justiz	ruv
gereizt (sein)	bergh
Gericht (Gebäude)	bo'DIj
Gericht einer Speisenfolge	nay'
Gerücht, Tratsch	joS
Geschafft! (Exklam.)	pItlh
Geschenk	nob
Geschichte	qun
Geschichte, Erzählung	lut
geschlossen, zu (sein)	SoQ
Geschoss, Explosivgeschoss	jorwI'
Geschwindigkeit	Do
Gesellschaft	nugh
Gesetz	chut
Gesicht	qab
gestehen	DIS
gestehen	chID
gestern	wa'Hu'
gesund (sein)	pIv
Getreide	tIr
Gewalt, Verletzung	wem
gewalttätig (sein), Gewalt anwenden	ral
gewalttätig (sein)	wem
Gewand, Robe	mop
Gewehr	beH
Gewerbe, Geschäft	malja'
Gewohnheit, Sitte	tIgh
gewöhnlich (sein)	motlh
gewöhnlich, vulgär (sein)	Qut
gierig, habsüchtig (sein)	qur
Gift	tar
giftig (sein)	SuQ
glänzen	boch
Glas, Trinkgefäß	HIvje'
glatt (sein)	Hab
glauben	Har

gleich, das gleiche (sein)	rap
gleichzeitig geschehen, passieren	quq
Glück haben	Do’
glücklich (sein)	Quch
glücklicherweise (Adv.)	Do’
glühen, glimmen	wew
Gnade	pung
Grab	mol
Grammatik	pab
gratulieren	Hoy’
Grenze, Begrenzung	veH
groß (sein)	tIn
großartig, wunderbar (sein)	Dun
Großmutter	SoSnI’
Großvater	vavnI’
grün, blau, gelb (sein)	SuD
Grund, Boden	yav
Gruppe, Zusammenschluss	ghom
gurgeln	ghagh
Gurke	Hurgh
Gürtel, Umgürtelung	qogh
gut (sein)	QaQ
Gut! (Exklam.)	maj

Haarklammer	choljaH
haben, besitzen	ghaj
Hälfte	bID
Halfter, Pistolenhalfter	vaH
Halskette, Schmuck	ghIgh
Hand	ghop
handeln, feilschen	mech
handeln, agieren	vang
Handelsschiff, Schiff eines Händlers	SuyDuj
Handfeuerwaffe	HIch
Handfläche	toch
Handrücken	chap
Handschuh	pogh
hängen	HuS
hart, stark (sein)	let
hartnäckig, zäh	rotlh
hassen	muS

hässlich (sein)	moH
Hauptstadt	mon
Haut	DIr
häuten, schälen	Surgh
heben	pep
Heck	’o’
heilen	vor
Heimat, Zuhause	juH
Heirat	tlhogh
heiraten (aus Sicht des Mannes)	Saw
heiraten (aus Sicht der Frau)	nay
heiß (sein)	tuj
hell (sein)	wov
Helm	mIv
Herr, Beherrscher	joH
Herr, mein Herr (Anrede)	qaH
Herr, Meister	jaw
heruntersteigen, niedergehen	ghIr
Herz	tIq
hier	naDev
Hilfe, helfen	boQ
Hilfe, Unterstützung	QaH
Himmel	chal
hinausgehen, heraustragen	lel
hineingehen	’el
hinlegen, zurücklehnen	Qot
hinwegsetzen über (sich)	ngep
hinzufügen	chel
Hitze	tuj
hoch, hochgestellt (sein)	jen
hoffen	tul
Höhe, Flughöhe	’Iv
Höhle	DIS
hören	Qoy
hören, zuhören	’Ij
horizontal (sein)	SaS
Hosen	yopwaH
Hülle	Som
Humanoid	yoq
hundert (Num.)	vatlh
hunderttausend (Num.)	bIp

hungrig sein	ghung
hypnotisieren	vong
Ich (Pron.)	jIH
Idee	qech
identifizieren	ngu’
identisch (sein) mit etwas	nIb
ihr (Pron.) (Pl.)	tlhIH
illegal (sein)	Hat
immer (Adv.)	reH
Imperator, Kaiser	ta’
Imperator, Kaiser	voDleH
Imperium	wo’
Impulskraft	Hong
in einem negativen Winkel (sein)	taH
infizieren	ngej
Information	De’
inkompetent (sein)	tlhIb
innehalten, Pause machen	yev
in Not (sein)	Sot
Instinkte (Pl.)	Duj
insubordiniert (sein)	tlhIv
intendieren, im Begriff (sein)	Hech
interessant (sein)	Daj
Invasion	yot
in x Tagen	leS
Ion (Partikel)	tat
Ionisierungseinheit des Transporters	jolvoy’
irgendwo	vogh
Ja! Okay! Das werde ich (tun)! (Exklam.)	luq, lu’
Ja. Wahrlich! (Antwort auf Ja/Nein-Fragen)	HIja’, HISlaH
Jacke	wep
jagen	wam
Jahr (klingon. Zeitmaß)	DIS
jammern, jaulen	vIng
jedermann, alles, jedes	Hoch
jemand, etwas	vay’
jetzt	DaH

jung (sein)	Qup
Junge	loDHom
Jurisdiktion	teblaw’
justieren, richten	lIS
Käfig	mo’
Kalender	’ISjaH
kalt (sein)	bIr
Kampf	may’
kämpfen	Suv
Kampfkreuzer	may’Duj
Kapitän	HoD
Katalog	mem
Katastrophe	lot
Katastrophe, Desaster	Qugh
kauen	yIv
kaufen, erstehen	je’
Kaufmann	Suy
Kehle	Hugh
Kellicam (kling. Maßeinheit)	qelI’qam
Kette	mIr
keuchen	tlhov
Kevas (Edelstein)	qevaS
Kind, Nachkomme	puq
Kinn	woS
kitzeln	qotlh
klar (nicht trübe)	Huv
Klassifikation	buv
klassifizieren	buv
klebrig (sein)	Hum
Kleidung	Sut
Kleidung tragen	tuQ
klein (sein)	mach
klettern, klimmen	toS
Klingone	tlhIngan
klingonischer Schmerzerzeuger	QIghpej
Klingonisches Imperium	tlhIngan wo’
Klingonisches Notationssystem	pIqaD
Klingonisches Tier	Qa’
Klingonisches Tier	Qogh
Klingonisches Tier	’er

Klippe	qoj
klug, intelligent (sein)	val
Knie	qIv
knien, niederknien	tor
Knochen	Hom
kochen, Essen bereiten	vut
kochen, sieden	pub
kollidieren	paw’
Kolonie	mID
Kolonne	tut
Kombüse, Küche	vutpa’
Komet	lIy
Kommandierender (milit.)	ra’wI’
Kommunikationsoffizier	QumpIn
Kommunikator	QumwI’
kommunizieren	Qum
Kompromiss schließen	moS
Konflikt	yol
Konfusion, Verwirrung	mIS
Konglomeration	tlhoQ
Konsul	jojlu’
kontrollieren	SeH
Kontrollkonsole	SeHlaw
konzentrieren (auf), Achtung zollen	qIm
konzentrieren auf	buS
Koordinaten	Quv
Kopf	nach
Kopfhaar	jIb
Kopfschmerzen (haben)	wuQ
Kopfschuppen (Pl.)	quHvaj
Körper	porgh
Körperbehaarung	pob
Korporal, milit. Rang	Da’
korrumpieren	qalmoH
korrupt (sein)	qal
Kraftfeld	Surchem
Kragen	mongDech
krank, schlecht (sein)	rop
Krankenhaus, Krankenstation	ropyaH
Krankheit, Seuche	rop
Kreis	gho

kreuzen	qugh
Krieg	veS
Krieg führen	Qoj
Kriegsgericht	ghIpDIj
Krimineller, Verbrecher	HeSwI'
Kristall	qut
Kugel	moQ
kühn, mutig (sein)	jaq
Kurs, Route	He
lachen	Hagh
laden, aufladen	Huj
Lager, Camp (milit.)	raQ
lahm (sein)	rIgh
Land	puH
Land, Landschaft	Hatlh
landen	Saq
Landeteam	Saqghom
Landurlaub	leSpoH
Landwirtschaft	Satlh
lang, länglich (sein)	tIq
lange, von langer Dauer (sein)	nI'
langsam (Adv.)	QIt
langweilig (sein)	Dal
langweilig, uninteressant (sein)	qetlh
laut (sein), geräuschvoll	chuS
leben	yIn
Leben	yIn
Lebenserhaltungssystem	yIntagh
Lebenszeichen	yInroH
Lebewesen, nicht menschlich	Dep
lecken (undicht)	nIj
legal (sein)	mub
lehren, instruieren	ghojmoH
Lehren, Unterweisungen (Pl.)	paQDI'norgh
Leiche, Leichnam	lom
leicht (sein)	tIS
leicht, ein bisschen (Adv.)	loQ
leiden	bech
leidenschaftlich (sein)	nong
Leistung	ta'

leiten, managen	vu’
lernen	ghoj
lesen	laD
letzter (sein)	Qav
Likör, Schnaps	HIq
limitieren, begrenzen	vuS
Linie	tlhegh
links, linke Seite	poS
Lippe	wuS
Los! Auf geht’s! (Exklam.)	Ha’
lose, unbefestigt (sein)	QeyHa’
Lösegeld	voHDajbo’
lösen	QeyHa’moH
Lösung (Flüssigkeit)	taS
lügen	nep
lustig (sein)	tlhaQ
mächtig (sein)	HoSghaj
Mädchen	be’Hom
Magen	burgh
Magenschmerzen (Pl.)	poq
Mahlzeit, Mittagessen	megh
Manager	vu’wI’
manchmal (Adv.)	rut
Mann, männlich	loD
Manöver (milit. Ausdruck)	tuH
Manuskript	ghItlh
Maschine, Antrieb	jonta’, QuQ
Maschinen manövrieren	QoD
Maschinerie	jo’, mIqta’
Maschinist	jonwI’
maskieren, verkleiden	jech
Materie	Hap
Medizin, Arznei	Hergh
Meinung	vuD
Menge, Menschenmenge	ghom’a’
Mensch	Human
Menü	HIDjolev
messen	juv
Metall	baS
Meteor	chunDab

meutern, sich auflehnen	qIQ
Militär	QI’
Million (Num.)	’uy’
Mineral	tlhIl
Minute	tup
mischen, vermischen	DuD
missachten	qImHa’
Missbrauch	ghong
missbrauchen	ghong
misstrauen	voqHa’
misstrauisch (sein)	pIH
missverstehen	yajHa’
Mittag, am Mittag	pemjep
Mitte	botlh
Mitternacht	ramjep
Mitternachtsmahl	ghem
Modul	bobcho’
mögen	parHa’
möglich (sein)	DuH
Möglichkeit, Option	DuH
Monat (klingon. Zeitmaß)	jar
Mond	maS
Mondlicht	maSwov
Monitor, Display	HaSta
morden, ermorden	chot
morgen	wa’leS
Morgen, am Morgen	po
(Motor-) Gondel	HanDogh
müde (sein)	Doy’
Mugato	mughato’
Mülltransporter	veQDuj
Mund	nuj
Munition	nIch
Muskel	Somraw
Mutter	SoS
Mythos	wIch
Nachbar	jIl
nachdenken über	buS
Nachmittag, am Nachmittag	pov
Nacht	ram

Nacken	mong
nähern, sich annähern	chol
Name	pong
Narr	qoH
Nase	ghIch
Nasenloch, Nüster	tlhon
nass (sein)	yIQ
Navigator	chIjwI’
navigieren	chIj
neben, Bereich neben	retlh
nehmen	tlhap
Nein!	ghobe’
Nein! Das werde ich nicht! (Exklam.)	Qo’
nervös (sein)	bIt
neu (sein)	chu’
Neun (Num.)	Hut
Neunte (Num.)	HutDIch
Neural (Planet)	nural
Neuralese	nuralngan
Neutrale Zone	neHmaH
nicht einverstanden (sein)	Qoch
nicht gehorchen	lobHa’
nicht mögen	par
nichts	pagh
nicht wissen	jIv
niederdrücken, pressen	’uy
niederlegen	roQ
niemals (Adv.)	not
Nobilität, Edelmut	chuQun
noch nicht (Adv.)	wej
Nomen	DIp
nörgeln	boj
Notfall	chach
Notruf	Sotlaw’
notwendig (sein)	’ut
Nova	puyjaq
null, zero (Num.)	pagh
Nummer, Zahl	mI’
nur, einfach (Adv.)	neH
nützlich (sein)	lI’

Öde, Wüste	Deb
offen, geöffnet (sein)	poS
Offizier	yaS
Offizier a. D.	’utlh
öffnen	poSmoH
Öffnung, Schlitz	yIb
oft, oftmals (Adv.)	pIj
okkupieren (milit.), besetzen	Dan
Operation (medizinisch)	Haq
orange, rot (sein)	Doq
Organia	’orghen
Organianer	’orghengan
Organischer Friedensvertrag	’orghen rojmab
Ozean	bIQ’a’
Panik	lIm
Papier	nav
parallel (sein)	Don
Parallelkurs	HeDon
Partner	qoch
Passagier	raQpo’
passieren, vorkommen	qaS
Patient	SID
patrouillieren	ngIv
perfekt, exakt (sein)	pup
Person (humanoid)	ghot, nuv
Pessimist	rejmorgh
Pferdeschwanz (Frisur)	DaQ
pflanzen	poch
Phaser	pu’
Phaserbänke	pu’DaH
Phasergewehr	pu’beH
Phaserkommando, Phasermannschaft	pu’beq
Phaserpistole, Handphaser	pu’HIch
planen	nab
Planet	yuQ
Planetenoberfläche	ghor
Planetoid	yuQHom
Plastik, Kunststoff	mep
platzieren, stellen	lan
plötzlich	pay’

Population, Bevölkerung	roghvaH
Präfix	moHaq
prahlen, angeben	mIy
präsentieren, vorführen	much
Preis, Trophäe	tev
primitiv, unterentwickelt (sein)	lutlh
Privileg	DIb
problematisch (sein), ein Problem darstellen	qay'
produzieren, hervorbringen	lIng
programmieren	ghun
Projekt	jInmol
projizieren, auf den Schirm geben	Hotlh
proklamieren, verkünden	maq
Protokoll, Aufzeichnung	ta
Prozent	vatlhvI'
Pupille	lur
Pyjama	nIvnav
Quadrotritical	loSpev
qualifiziert (sein)	'um
Quelle	Hal
Rache	bortaS
Radan (unbearbeiteter Dilitiumkristall)	Dom
Rand, Kante	HeH
Rasse, Sorte, Gattung	Segh
rastlos (sein), sich unruhig fühlen	ngoj
Rat geben	qeS
raten, überlegen	loy
Ratschlag	qeS
rau (sein)	ghegh
rauben, stehlen	Hej
Rauch	tlhIch
Raum, Weltraum	logh
Raum, Zimmer	pa'
räumen, entleeren	qeD
Raumschiff	'ejDo'
Raumstation	tengchaH
realisieren	tlhoj

Rebell	lotlhwI’
rebellieren	lotlh
rechnen, kalkulieren	SIm
recht haben	lugh
rechts, rechte Seite (Lok.)	nIH
Rede, Anrede	SoQ
regieren	qum
regieren, führen	che’
Regierung	qum
Region, Gegend	Sep
regnen	SIS
Regulaner	reghuluSngan
Regulanischer Blutwurm	reghuluS ’Iwghargh
Regulus	reghuluS
reich, wohlhabend (sein)	mIp
Reichweite, Distanz	chuq
rein, pur (sein)	watlh
reisen	leng
reißen, zerren	luH
reiten	lIgh
Religion	lalDan
Remus	rIymuS
rennen, laufen	qet
reparieren	tI’
repräsentieren	’oS
Reserven	jo
respektieren	vuv
Restaurant	Qe’
retten	toD
revoltieren, aufbegehren	Daw’
Revolution, Aufstand	Daw’
Richtdüsen	lolSeHcha
riechen, ausdünsten	He’
riechen, Gerüche wahrnehmen	largh
Ring	Qeb
Robe, Umhang	paH
Roboter	qoq
roh, unbearbeitet (sein)	tlhol
Romulaner	romuluSngan
Romulus	romuluS
Rücken	Dub

Rückgrat	pIp
rückkehren	chegh
rücksichtslos, unbarmherzig (sein)	wIH
rückweichen, zurückziehen	paj
Ruder, Steuer	Degh
ruhen, ausruhen	leS
ruhig (sein)	jot
ruhig, beruhigt (sein)	tam
Ruhr (Krankheit)	pom
Ruinen (Pl.)	pIgh
Rumpf (Oberkörper)	ro
sabotieren	Sorgh
Saccharin, Zucker	HaQchor
sagen	ja'
sammeln, erfassen	boS
Satellit	SIbDoH
Satz	mu'tlhegh
sauber, rein (sein)	Say'
sauer (sein)	wIb
Säure	pey
scannen	Hotlh
Scanner	HotlhwI'
Schabe	vetlh
schädlich (sein)	joch
Schalter	leQ
schämen, sich	tuH
scharf (sein)	jej
Schatten	QIb
schicken, senden	ngeH
Schicksal	San
schießen	bach
Schießpulver	ngat
Schiff	Duj
Schiffsbrücke	meH
schimpfen mit, ausschelten	qun
Schlachtordnung	may'morgh
schlafen, einnicken	Dum
schlafen	Qong
schlagen (mit Faust oder Hand)	qIp
Schlange, Wurm	ghargh

schlau, gerissen (sein)	’ong
Schleuse	HIchDal
schließen	SoQmoH
schlucken	ghup
schmelzen	tet
Schmerz, Qual	bep
Schmerz, Verwundung	’oy’
Schmerzen lindern, erleichtern	Son
schmieren	ngoH
Schmutz	lam
Schmutz unter Fingernägeln	butlh
schmutzig (sein)	lam
schneiden	pe’
schneiden (Haare)	chIp
schneiden, schlitzen	SIj
schneien	peD
schnell (Adv.)	nom
Schnurrbart	loch
schockiert (sein)	yay’
Schokolade	yuch
schön (sein)	’IH
schreiben	ghItlh
Schreibkrampf	ngav
schreien, kreischen	jach
schreien, weinen	SaQ
Schuh	waq
schuldig (sein)	DIv
Schule	DuSaQ
Schulter	volchaH
schürfen	tlhIl
Schuss	bach
Schütze	matHa’baHwI’
schützen	Qan
Schutzschild, abschirmen	yoD
schwach (sein)	puj
schwächen	pujmoH
Schwächling	pujwI’
schwarz (sein)	qIj
schwer (sein)	’ugh
Schwert	’etlh
Schwester	be’nI’

schwierig (sein)	Qatlh
schwören	'Ip
sechs (Num.)	jav
Sechste	javDIch
See	ngeng
sehen	legh
Sehr gut (gemacht)! (Exklam.)	majQa'
Seil	tlhegh
seismische Spalte, Bodenriss	Seq
Seite (nicht im Buch)	Dop
seitlich bewegen (sich)	nech
Sektion	'ay'
Sektor, Zone	mIch
Sekunde	lup
selbstbewusst (sein)	jeQ
Selbstmord begehen	HoH'egh
selten (sein), rar (sein)	qub
seltsam, ungewöhnlich (sein)	jum
Sendeanlage für Daten	HablI'
Sensor	noch
separieren, trennen	chev
Sherman-Planet	SermanyuQ
Sicherheit, Gewissheit	DIch
Sicherheit	Hung
sie, ihnen (Pron.)	bIH
sie, ihnen (sprachfähig)	chaH
sieben (Num.)	Soch
Siebente (Num.)	SochDIch
Sieg, Triumph	yay
Situation	ghu'
sitzen	ba'
so, dann, in dem Fall (Adv.)	vaj
Socken (Pl.)	paSlogh
Sohn	puqloD
Soldat	mang
Soldaten (Pl.)	negh
sorgen (sich), kümmern	SaH
sorgen für etwas	Qorgh
sorglos (sein)	yepHa'
Spalte, Riss	Qargh
Spezies	mut

Spiel	Quj
spielen	Quj
spielen (Musikinstrument)	reH
Spion	ghoqwI’
Spionage	lInDab
spionieren	ghoq
spotten, auslachen	nuS
Sprache	Hol
Sprache, gesprochene	QIch
sprechen	jatlh
springen	Sup
Stadt	veng
Staffel, Geschwader, Schwadron	nawlogh
stark (sein)	HoS
Stärke, Energie, Macht	HoS
Station	yaH
Status	Dotlh
stechen	’aw’
stechen (mit einem Messer)	DuQ
stehen	Qam
stehlen	nIH
Stein, Fels	nagh
Steinschleuder	moy’bI’
sterben	Hegh
sterblich (sein)	jubbe’
Stern	Hov
Sternenbasis, Raumstation	’ejyo’waw’
Sternenflotte	’ejyo’
Sternensystem	Hovtay’
Steuermann	DeghwI’
Stiefel	DaS
Stiefeldorn/-spitze	DaSpu’
Stimme	ghogh
stinken	He’So’
Stirn	Quch
stolz (sein)	Hem
stopfen, füllen	ghoD
stören, unterbrechen	Suj
Strafe	jIp
straff, fest (sein)	Qey

Strahl	tIH
Strategie	Dup
streicheln	yach
streiten	Sol
Student, Schüler	ghojwI'
studieren	HaD
Stuhl	quS
Stundc	rep
stur (sein)	mul
stur, dickköpfig (sein)	mul
stürmen (Wetter)	jev
stützen (auf)	wuv
suchen, Ausschau halten	nej
Suffix	mojaq
sündigen	yem
System	pat
Tag (von Dämmerung zu Dämmerung)	jaj
Tag, am Tage	pem
Taktik	to'
Taktische Darstellung	wIy
Taktischer Offizier	ya
Tal	ngech
tapfer (sein)	yoH
Tarnvorrichtung	So'wI'
Tatsache	ngoD
tauschen, feilschen	tlhong
täuschen, trügen	toj
tausend (Num.)	SaD
tausend (Num.)	SanID
Techniker	chamwI'
Tellun-System	telun Hovtay'
Tempel	chIrgh
Temperatur	Hat
Theorie	nger
Theragen	Qab
Tier	Ha'DIbaH
Tier, Haustier	Saj
Tochter	puqbe'
tödlich (sein)	HeghmoH

Toilette	puch
Toilette (Raum)	puchpa’
tolerieren	chergh
Topalin	toplIn
Torpedo	peng
Torpedorohr	chetvI’, DuS
Torpedos	cha
töten	HoH
Tradition	lurDech
tragen	qeng
trainieren	qeq
Transporterraum	jolpa’
Transporterstrahl	jol
transportieren	lup
tratschen	joS
trauen, vertrauen	voq
träumen	naj
traurig (sein)	’IQ
Treffen	qep
treffen, begegnen	ghom
Treibstoff	nIn
trennen	wav
treten	pup
Tribble (Tier)	yIH
Triebwerke	chuyDaH
Trikorder	Hoqra’
Trillium	DIlyum
trinken	tlhutlh
trocken (sein)	QaD
Troyius (Name)	Doy’yuS
Truppen (Pl.)	QaS
Tunika	yIvbeH
Tunnel	’och
Tür, Durchgang, Tor	lojmIt
übelnehmen, sich ärgern über etwas	qeH
überall	Dat
Überbleibsel, Rest	chuvmey
Übereinstimmung	rom
Überfall	weH

Übergabe, bedingungslose Kapitulation	Doghjey
überholen	juS
überlegen (sein)	nIv
überlegen, vernünftig schließen	meq
übermorgen	cha'leS
überraschen	mer
überschwemmen	SoD
übersetzen	mugh
Übersetzer	mughwI'
übertragen, transferieren	Qay
übertreiben	lach
überzeugen	pon
übrig (sein)	chuv
umgeben	Dech
umgekehrt, umgedreht (sein)	yoy
Umhang	ngup
umkreisen	bav
unbewohnt, verwüstet, leer	chIm
und (bei Nomen)	je
und (satzverbindend) (Konj.)	'ej
und/oder (bei Nomen)	joq
und/oder (bei Sätzen)	qoj
unehrenhaft kämpfen	HIgh
unehrlich (sein)	yuD
ungeduldig (sein)	boH
ungeschickt, schwerfällig (sein)	Soy'
ungewöhnlich (sein)	motlhbe'
unglücklich (sein)	QuchHa'
ungnädig (sein)	web
unheimlich (sein)	taQ
Uniform	HIp
Universum	'u'
unordentlich, nachlässig (sein)	ghIH
unrecht haben	muj
unruhig (sein)	jotHa'
unschuldig (sein)	chun
Unsinn	Dap
unsterblich (sein)	jub
unterbrechen	qagh
Untergrund	wutlh
unterhalten	jaw

unterlegen, minderwertig (sein)	QIv
Unterlichtgeschwindigkeit	gho'Do
Unteroffizier	bu'
Unterstützung, Hilfe	boQ
Unterstützung, militärische	ngaq
unterzeichnen	qI'
unvergnügt (sein)	belHa'
unwichtig, trivial (sein)	ram
Urlaub machen	ghIQ
Vater	vav
Vegetation	tI
Vene	'aD
Veränderung	choH
verantwortlich (sein)	ngoy'
Verb	wot
Verband, Bandage	Sev
verbessern	Dub
verbieten, untersagen	tuch
verbinden	rar
verbleiben, bleiben	ratlh
Verbrechen	HeS
Verbrechen begehen	HeS
verdächtig (sein)	nub
verdammen	qIch
Vereinigte Föderation der Planeten	yuQjIjQa'
verfault (sein)	non
verführen	tlhu'moH
vergehen, zerfallen	ragh
vergelten	noD
vergessen	lIj
Vergnügen	bel
vergnügt (sein)	bel
verhandeln	Sutlh
verheimlichen	pegh
verhindern, blockieren	bot
verifizieren	'ol
verkaufen	ngev
verlassen, abreisen	tlheD
verlassen, aufgeben	bup
verleihen	noj

verletzen (von Regeln)	bIv
vermindern	nup
vernichten, unkenntlich (machen)	Sang
Verrat, Landesverrat	’urmang
verrückt (sein)	maw’
versagen	luj
Versammlung, Rat	rIp
Versammlung	yej
verschieben, aufschieben	lum
verschieden (sein)	pIm
verschieden, vielfach (sein)	Sar
verschlechtern, schlechter machen	’argh
verschlechtern, ungünstiger (werden)	Sab
verschwinden	ngab
verschwören	QuS
Verschwörung	QuS
versprechen	lay’
Verstand	yab
Verstandessonde (med. Ausdruck)	tuQDoq
verstehen	yaj
verstreuen, auseinandergehen	ghomHa’
versuchen, probieren	nID
versucht, verführt (werden)	tlhuH
verteidigen	Hub
Verteidigung	Hub
verwalten	loH
Verwaltung	loH
verwest (sein)	ngIm
verwirren	mISmoH
verwirrt, konfus (sein)	mIS
verwracken	puy
verwunden	QID
verwunden	rIQmoH
verwundet (sein)	rIQ
verzögern, verschieben	mIm
vielfach, viele (sein)	law’
Vielfalt	Sar
vielleicht, eventuell	chaq
vier (Num.)	loS
Vierte	loSDIch

Vokabeln, Wortschatz	mu'tay'
von Hand bedienen	ruQ
vorausgehen (zeitlich)	nung
vordringen	Duv
Vorfahre	qempa'
Vorfahren (Pl.)	no'
Vorgänger	nubwI'
Vorgesetzter	moch
vorgestern	cha'Hu'
Vorrat, Ressource	Sup
vorschlagen	qeS
vorsichtig, aufmerksam (sein)	Hoj
vorsichtig (sein)	yep
Vorstellung, Präsentation	much
vorstoßen	ghoS
vorübergehend, zeitweilig	ru'
vor x Jahren	ben
vor x Tagen	Hu'
vorziehen, bevorzugen	maS
Vulkan (Planet)	vulqan
Vulkanier	vulqangan
Wache, Wächter	'avwI'
wachsam (sein), aufmerksam	Dugh
Waffe	nuH
Waffe, kleinere	nuHHom
Waffenstillstand	rojHom
wagen, trauen	ngIl
Wahl, Auswahl	wIv
wahr (sein)	teH
(die) Wahrheit sagen	vIt
Wald	ngem
Wanderer, Reisender	lengwI'
Wange	qevpob
Wann?	ghorgh
warnen	ghuHmoH
Warpantrieb	pIvghor
Warpfaktor	pIvlob
warten auf etwas	loS
Warum?	qatlh
Was?	nuq

Was willst Du? (Begrüßung)	nuqneH
Wasser	bIQ
wechseln, verändern	choH
weg (sein)	loj
wegbewegen von etwas	DoH
weghalten, verstecken	pol
wegnehmen	nge’
wegwerfen, fortwerfen	woD
weich (sein)	tun
weiß (sein)	chIS
Welle	yu’egh
wenden, drehen	tlhe’
wenige (sein)	puS
Wer?	’Iv
werden	moj
Wert besitzen, von Wert sein	lo’laH
wertlos, nutzlos (sein)	lo’laHbe’
wichtige Angelegenheit	potlh
wickeln, einwickeln	qat
widersprechen	tlhoch
Wie? Auf welche Weise?	chay’
Wieviel? Wieviele?	’ar
wild (sein)	qu’
Wind, Brise	SuS
winden, krümmen (sich)	nogh
wir, uns (Pron.)	maH
Wirt, Barmann	chom
wispern, flüstern	tlhup
wissen, begreifen	Sov
Wissenschaft	QeD
Wissenschaftler	tej
Wissenschaftsoffizier	QeDpIn
Wo?	nuqDaq
Woche (klingonische)	Hogh
Wolke	’eng
wollen, begehren	neH
Wort	mu’
Wörterbuch, Diktionär	mu’ghom
wundern (sich)	SIv
Würde	nur
würgen	voQ

x Jahre von jetzt	nem
zählen	togh
Zahn	Ho’
Zahnschmerzen	Ho’’oy’
Zeh	yaD
zehn (Num.)	wa’maH
zehntausend (Num.)	netlh
Zehnte (Num.)	wa’maHDIch
zeigen	’ang
zeigen, vorführen	cha’
Zeit messen	poH
Zeitabschnitt	poH
zerlegen	jotlh
zerstören	Qaw’
Zerstörung	QIH
Ziel	DoS
Ziel erreichen, Erfolg erzielen, Errungenschaft	chav
Ziel, Schicksal	ghoch
Ziel, Zweck	ngoQ
Ziele	ray’
Zivilisation	tayqeq
zivilisieren	taymoH
zivilisiert (sein)	tay
Zoo	Hu
Zorn, Wut	QeH
zornig, wütend (sein)	QeH
züchten, hervorbringen	Sep
zufällig, durch einen Unfall	bong
Zuflucht	lulIgh
zufrieden (sein)	yon
zugreifen	naw’
zünden, aktivieren (eine Maschine)	chu’
Zünder, Starter	rIHwI’
Zunge	jat
zurückziehen	HeD
zusammen (sein)	tay’
zusammenarbeiten, kooperieren	jIj
zusammenbrechen, kollabieren	Dej
zusammenschließen, versammeln	lIq

zustimmen	ghIb
zwei (Num.)	cha’
zweifeln	Hon
zweite (Num.)	cha’DIch
Zwielicht	choS
zwingen	raD

KLINGONISCHE AFFIXE

1. Nomensuffixe

Die Ziffern geben die entsprechende Suffixklasse an:

-chaj	4	*ihr* (Pl.)
-Daj	4	*sein/ihr*
-Daq	5	Lokativ
-Du'	2	Plural (Körperteile)
-Hey	3	*augenscheinlich*
-Hom	1	Diminutiv
-lIj	4	*dein*
-lI'	4	*dein* (sprachfähiges Nomen)
-maj	4	*unser*
-ma'	4	*unser* (sprachfähiges Nomen)
-mey	2	Plural (allgemeine Form)
-mo'	5	*wegen, aufgrund, infolge von*
-na'	3	Definitivität
-pu'	2	Plural (sprachfähiges Nomen)
-qoq	3	*(das) so genannte*
-raj	4	*euer*
-ra'	4	*euer* (sprachfähiges Nomen)
-vaD	5	*für, um*
-vam	4	*diese/r/s*
-vetlh	4	*jene/r/s*
-vo'	5	*von*

-wIj 4 *mein*
-wI' 4 *mein* (sprachfähiges Nomen)
-'a' 1 Augmentativ
-'e' 5 Topisierung

2. Pronominale Präfixe

0 *er/sie/es* (kein Objekt), *er/sie/es – ihn/sie/es/sie* (Pl.), *sie* (kein Objekt), *sie* (Pl.) – *sie* (Pl.)
bI- *du* – (kein Objekt)
bo- *ihr* – (Plural) – *ihn/sie/es/sie* (Pl.)
che *ihr* – (Plural) – *ihn/sie/es/sie* (Pl.)
cho- *du – mich*
Da- *du – ihn/sie/es/sie* (Pl.)
DI- *wir – sie* (Pl.)
Du- *er/sie/es – dich*
gho- Imperativ: *du – uns*, *ihr – uns*
HI- Imperativ: *du – mich*, *ihr – mich*
jI- *ich* (kein Objekt)
ju- *du – uns*
lI- *er/sie/es – euch, sie* (Pl.) – *euch*
lu- *sie – ihn/sie/es*
ma- *wir* (kein Objekt)
mu- *er/sie/es – mir, sie* (Pl.) – *mich*
nI- *sie – dich*
nu- *er/sie/es – uns, sie* (Pl.) – *uns*
pe- Imperativ: *ihr* (kein Objekt)
pI- *wir – dich*
qa- *ich – dich*
re- *wir – euch*
Sa- *ich – euch*
Su- *ihr* (kein Objekt)
tI- Imperativ: *du – sie* (Pl.), *ihr – sie* (Pl.)
tu- *ihr – mich*
vI- *ich – ihn/sie/es*
wI- *wir – ihn/sie/es*
yI- Imperativ: *du* (kein Objekt), *du – ihn/sie/es, ihr – ihn/sie/es*

3. Verbsuffixe

Die Ziffern geben die Suffixklasse an, W steht für Wanderer.

-beH	2	*fertig, hochgefahren* (referiert auf Geräte)
-bej	6	*sicherlich, zweifellos*
-be'	W	*nicht*
-bogh	9	*welches, der, die, das* (Relativpronomen)
-choH	3	*Wechsel, Änderung*
-chugh	9	*wenn, falls*
-chuq	1	*sich gegenseitig*
-chu'	6	*perfekt, klar*
-DI'	9	*sobald als, wenn*
-Ha'	W	*rückgängig*
-laH	5	*können, in der Lage sein zu*
-law'	6	*scheinen, augenscheinlich*
-lI'	7	fortlaufend zum Ziel
-lu'	5	undefiniertes Subjekt
-meH	9	*um, damit* (Finalpronomen)
-moH	4	*verursachen*
-neS	8	Ehrbezeugung, Ehrerbietung
-nIS	2	*benötigen, brauchen*
-pa'	9	*bevor*
-pu'	7	Perfektiv
-qang	2	*wollen*
-qa'	3	*wiederholen, noch einmal machen*
-qu'	W	Emphase
-Qo'	W	*Nicht! Werde nicht! Tue nicht!*
-rup	2	*fertig, vorbereitet* (in Bezug auf Lebewesen)
-taH	7	kontinuierlich, fortlaufend
-ta'	7	*vollendet, getan, fertig*
-vIp	2	*fürchten, befürchten*
-vIS	9	*während*
-wI'	9	*jemand/etwas, der/das ist/tut*
-'a'	9	Interrogation
-'egh	1	*man selbst, sich selbst*

4. Suffixe an Numeralen

-DIch	Ordinalzahlen (erste, zweite etc.)
-logh	einmal, zweimal etc.

DEUTSCHER INDEX ZU KLINGONISCHEN AFFIXEN

1. Nomensuffixe

Die Ziffern geben die entsprechende Suffixklasse an:

augenscheinlich, offensichtlich	**-Hey**	3
Augmentativ	**-'a'**	1
Definitivität	**-na'**	3
Diminutiv	**-Hom**	1
wegen, infolge, aufgrund	**-mo'**	5
um zu, damit	**-vaD**	5
von	**-vo'**	5
sein/ihr	**-Daj**	4
Lokativ	**-Daq**	5
mein	**-wIj**	4
mein (Nomen besitzt Sprachfähigkeit)	**-wI'**	4
unser	**-maj**	4
unser (Nomen besitzt Sprachfähigkeit)	**-ma'**	4
Plural (Lebewesen mit Sprachfähigkeit)	**-pu'**	2
Plural (Körperteile)	**-Du'**	2
Plural (allgemein)	**-mey**	2
sogenannte	**-qoq**	3
jene/r/s	**-vetlh**	4
ihr (Pl.)	**-chaj**	4

dieses	**-vam**	4
Topisierung	**-'e'**	5
dein	**-lIj**	4
dein (Nomen besitzt Sprachfähigkeit)	**-lI'**	4
euer	**-raj**	4
euer (Nomen besitzt Sprachfähigkeit)	**-ra'**	4

2. Pronominale Präfixe

er/sie/es (kein Objekt)	**0**
er/sie/es – ihn/sie/es/sie (Pl.)	**0**
er/sie/es – mich	**mu-**
er/sie/es – uns	**nu-**
er/sie/es – dich	**Du-**
er/sie/es – euch, sie (Pl.) – euch	**lI-**
ich (kein Objekt)	**jI-**
ich – ihn/sie/es/sie (Pl.)	**vI-**
ich – dich	**qa-**
ich – euch	**Sa-**
sie (kein Objekt)	**0**
sie – ihn/sie/es/sie (Pl.)	**lu-**
sie (Pl.) – *mich*	**mu-**
sie (Pl.) – *sie* (Pl.)	**0**
sie (Pl.) – *uns*	**nu-**
sie – dich	**nI-**
sie – ihr/euch	**re-**
wir (kein Objekt)	**ma-**
wir – ihn/sie/es	**wI-**
wir – sie (Pl.)	**DI-**
wir – dich	**pI-**
wir – euch	**re-**
du (kein Objekt)	**bI-**
du – ihn/sie/es/sie (Pl.)	**Da-**
du – mich	**cho-**
du – uns	**ju-**
ihr (kein Objekt)	**Su-**
ihr – ihn/sie/es/sie (Pl.)	**bo-**
ihr – mich	**tu-**
ihr – ihn/sie/es/sie (Pl.)	**che-**

Imperativ: *du* (kein Objekt)	**yI-**

Imperativ: *du – ihn/sie/es*	**yI-**
Imperativ: *du – mich*	**HI-**
Imperativ: *du – sie* (Pl.)	**tI-**
Imperativ: *du – uns*	**gho-**
Imperativ: *ihr* (kein Objekt)	**pe-**
Imperativ: *ihr – ihn/sie/es*	**yI-**
Imperativ: *ihr – mich*	**HI-**
Imperativ: *ihr – sie* (Pl.)	**tI-**
Imperativ: *ihr – uns*	**gho-**

3. Verbsuffixe

Die Ziffern zeigen die entsprechende Suffixklasse an, W kennzeichnet die Wanderer.

fähig, können	**-laH**	5
erreichen, leisten	**-ta'**	7
fürchten, befürchten	**-vIp**	2
scheinbar	**-law'**	6
sobald als, wenn	**-DI'**	9
bevor, zuvor	**-pa'**	9
können, in der Lage sein	**-laH**	5
verursachen	**-moH**	4
sicherlich, mit Sicherheit	**-bej**	6
Wechsel, Änderung	**-choH**	3
deutlich, klar	**-chu'**	6
kontinuierlich, andauernd	**-taH**	7
wiederholen, noch einmal tun	**-qa'**	3
Nicht! Nicht tun!	**-Qo'**	W
getan, geschafft, beendet	**-ta'**	7
Emphase	**-qu'**	W
um zu (Finalpronomen)	**-meH**	9
Ehrerbietung, Verehrung	**-neS**	8
wenn, falls	**-chugh**	9
andauernd, mit Ziel	**-lI'**	7
Indefinites Subjekt	**-lu'**	5
brauchen, benötigen	**-nIS**	2
nicht	**-be'**	W
einander, gegenseitig	**-chuq**	1
jemand/etwas, der/das tut/ist	**-wI'**	9
selbst, sich selbst	**-'egh**	1

Perfektiv	**-pu'**	7
perfekt, vollendet	**-chu'**	6
bereit, vorbereitet (in Bezug auf Lebewesen)	**-rup**	2
kontinurierlich mit Ziel	**-lI'**	7
fertig, bereit (in Bezug auf Lebewesen)	**-rup**	2
fertig, bereit (in Bezug auf Geräte)	**-beH**	2
wiederholen	**-qa'**	3
scheinen, scheinbar	**-law'**	6
hochfahren, in Betrieb nehmen (in Bezug auf Geräte)	**-beH**	2
etwas, das tut	**-wI'**	9
rückgängig machen	**-Ha'**	W
zweifellos	**-bej**	6
wenn, sobald	**-DI'**	9
welches (Relativpronomen)	**-bogh**	9
während	**-vIS**	9
gewillt sein	**-qang**	2
Nicht tun werden! Nein!	**-Qo'**	W

4. Suffixe an Numeralen

Ordinalzahlen (erste, zweite etc.)	**-DIch**
einmal, zweimal etc.	**-logh**

ANHANG

Liste nützlicher klingonischer Phrasen

Für diejenigen, die sich einen raschen Zugang in die klingonische Sprache verschaffen möchten, ohne die genaue grammatikalische Beschreibung ausführlich zu studieren, wird im Folgenden für eine Reihe von Ausdrücken ein Betonungsparadigma gegeben. Die Buchstaben können, bis auf die folgenden Notationskonventionen, mit ihrem entsprechenden deutschen Lautwert gelesen werden.

a	wie in	*rar*
i	wie in	*Ritt*
o	wie in	*Dose*
u	wie in	*Huhn*
au	wie in	*kauen*
ai	wie in	*Ei*
ch	wie in	*Bach* (aber noch rauer)
gh	ist ein starkes stimmhaftes *ch*	

In Wörtern mit mehr als einer Silbe werden die betonten Silben in Großbuchstaben geschrieben. Diejenigen, die sich für das Erlernen nur dieser, stark gekürzten Lautlehre des Klingonischen entscheiden, sollten bedenken, dass sie mit einem starken terranischen Akzent sprechen werden.

ANHANG

Deutsch	Klingonisch	Betonung (grob)
Ja.	HIja' oder HISlaH	chi-DSCHA oder chisch-LACH
Nein.	ghobe'	gho-BÄ
Ich habe es getan!	pItlh	pitl
Aha! Gut!	toH	toch
Wie ist das passiert? Was passiert hier?	chay'	tschai
Ich verstehe nicht.	jIyajbe'	dschi-JATSCH-bä
Ist mir egal!	jISaHbe'	dschi-SCHACH-bä
Kein Problem!	qay'be'	kai-BÄ
Sprichst du/Sprechen Sie Klingonisch?	tlhIngan Hol Dajatlh'a'	kling-ahn chohl da-dschatl-A
Ich spreche kein Klingonisch.	tlhIngan Hol vIjatlhlaHbe'	kling-ahn chohl vie-dschatl-lach-BÄ
Wo gibt es ein gutes Restaurant?	nuqDaq 'oH Qe' QaQ'e'	NUK-dak ooch kchä KCHAKCH-ä
Wo ist das Badezimmer?	nuqDaq 'oH puchpa''e'	NUK-dak ooch putch-PA-ä
Wieviel Sprit haben wir noch?	nIn 'ar wIghaj	nien ahr wie-GHADSCH
Ich werde (es) nicht (tun)!	Qo'	kcho
Füttere ihn!	yIje'	jie-DSCHÄ
Du hast recht.	bIlugh	bi-LUGH
Du hast unrecht.	bIlughbe'	bi-lugh-BÄ
Störe ich (dich)?	qaSuj'a'	ka-schudsch-A
Das ist nicht mein Fehler!	pIch vIghajbe'	pitsch vi-ghadsch-BÄ
Mein Chronometer hat angehalten.	tlhaqwIj chu'Ha'lu'pu'	TLAK-widsch tschu-CHA-lu-pu
Die Maschine ist überlastet.	tujqu'choH QuQ	tudsch-KU-tschoch kchukch
Wo kann ich mir die Schuhe putzen lassen?	nuqDaq waqwIj vIlam-Ha'choHmoH	NUK-dak WAK-widsch vi-lam-CHA-tschoch-moch
Wird es weh tun?	'oy''a'	oi-A
Beamt mich an Bord!	HIjol	chi-DSCHOL
Transporterstrahl aktivieren!	jol yIchu'	dschohl ji-TSCHU

Gib auf oder stirb!	bIjeghbe'chugh vaj bIHegh	bi-dschägh-BÄ-tschugh vadsch bi-CHÄGH
Wir treffen uns in der Bar.	tachDaq maghom	tatsch-dak ma-GHOM
Deine Nase glänzt.	boch ghIchlIj	botsch GHITSCH-lidsch
Vertraue stets deinen Instinkten.	Duj tIvoqtaH	dudch ti-VOK-tach
Hier sind Klingonen.	naDev tlhInganpu' tu'lu'	na-DÄV kling-ahn-PU TU-lu
Sage es ihm/ihr nicht!	yIja'Qo'	ji-dscha-KCHO
Komm her!	HIghoS	chi-GHOSCH
Gehe ins Gefängnis!	bIghHa'Daq yIghoS	bigh-CHA-dak ji-GHOSCH
Zeige ihn auf dem Schirm.	yIHotlh	ji-CHOTL
Das ist schlecht/ unglücklich.	Do'Ha'	do-CHA
Verstanden. Ich verstehe.	jIyaj	dschi-JADSCH
Erfolg!	Qapla'	kchap-LA
Man wird sich deiner mit Ehrerbietung erinnern.	batlh Daqawlu'taH	batl da-KAU-lu-tach
Tier!	Ha'DIbaH	CHA-di-bach
Hier passiert nichts.	naDev qaS wanI' ramqu'	na-DÄV kasch waNI ram-KU
Ist das verstanden (worden)?	yaj'a'	jadsch-A
Euer Schiff ist ein Mülltransporter.	veQDuj 'oH DujlIj'e'	väkch-DUDSCH och DUDSCH-lidsch-Ä
Ich habe Kopfschmerzen.	jIwuQ	dschi-WUKCH
Beeilt Euch!	tugh	tuch
Sehr gut! Gut gemacht!	majQa'	madsch-KCHA
Was willst du? (Begrüßung)	nuqneH	nuk-NÄCH
O.K.	lu'oder luq	lu oder luk
Wann wird das Wasser heiß sein?	ghorgh tujchoHpu' bIQ	ghorgh-TUDSCH-tschoch-pu-bikch
Ist dieser Platz besetzt?	quSDaQ ba'lu''a'	KUSCH-dak BA-lu-a
Ich kann meinen Kommunikator nicht finden.	QumwI'wIj vItu'laHbe'	kchum-WI-widsch vi-TU-lach-BÄ
Dieser Helm steht dir.	Du'IHchoHmoH mIvvam	du-ICH-tschoch-moch MIV-vam
Du brauchst eine Pause!	bIleSnIS	bi-LÄSCH-nisch

Zahle jetzt!	DaH yIDIl	dach ji-DIL
Viertausend Kehlen mögen in einer Nacht durchgeschnitten werden.	qaStaHvIS wa' ram loSSaD Hugh SIjlaH qetbogh loD	KASCH-tach-visch wa rahm losch schad chugh SCHIDSCH-lach KÄT-bogh lod
Rache ist ein Gericht, das am besten kalt serviert wird.	bortaS bIr jablu'DI' reH QaQqu' nay'	bor-TASCH bir DSCHAB-lu-di rech kchakch-KU nai
Wieviel möchtest du dafür haben?	Dochvetlh DIlmeH Huch 'ar DaneH	DOTSCH-vetl DIL-mäch chutsch ahr da-NÄCH
Ich habe mich verirrt.	jIHtaHbogh naDev vISovbe'	DSCHICH-tach-bogh na-DÄV vi-schov-BÄ
Ich kann das nicht essen.	Dochvetlh vISoplaHbe'	DOTSCH-vetl vi-SCHOP-lach-BÄ
Ich kann das nicht trinken.	Dochvetlh vItlhutlhlaHbe'	DOTSCH-vetl vi-TLUTL-lach-BÄ
Geh weg!	naDevvo' yIghoS	na-däv-VO ji-GHOSCH
Wie verwende ich das?	chay' Dochvam vIlo'	tschai DOTSCH-vam vi-LO
Wohin damit?	nuqDaq Dochvam vIlan	NUK-dak DOTSCH-vam vi-LAN
Ich habe ihn/sie noch niemals gesehen.	not vIleghpu'	not vi-LÄGH-pu
Ich habe es nicht getan.	vIta'pu'be'	vi-TA-pu-BÄ
Ich war nicht hier.	pa' jIHpu'be'	pa DSCHICH-pu-BÄ
Du siehst krank aus.	bIpIvHa'law'	bi-piv-CHA-lau
Du siehst furchtbar aus.	bImoHqu'	bi-moch-KU
Du lügst.	bInep	bi-NÄP
Sei ruhig!	yItamchoH	ji-TAM-tschoch
Sei ruhig! Sprich nicht!	yIjatlhQo'	ji-dschatl-KCHO
Halt den Mund!	bIjatlh 'e' yImev	bi-JATL ä ji-MÄV
Wo schlafe ich?	nuqDaq jIQong	NUK-dak dschi-KCHONG
Beißt es?	chop'a'	tschop-A
Wirst du mein Manuskript lesen?	ghItlh vIghItlhta'bogh DalaD'a'	ghitl vi-GHITL-ta-bogh da-lad-a
Wo hast du die Schokolade hingetan?	nuqDaq yuch Dapol	NUK-dak jutsch da-POL

EINFÜHRUNG IN DAS ADDENDUM

Die ursprüngliche Ausgabe dieses Wörterbuches sollte keine vollständige Beschreibung der klingonischen Sprache sein, sondern hatte sich stets als Überblick und Einstieg in die Grammatik des Klingonischen verstanden; daneben sollte ein repräsentativer Überblick des Wortschatzes zur Verfügung gestellt werden.
Seit seinem ersten Erscheinen ist das Studium des Klingonischen fortgeschritten und der Zugang zu dieser Sprache konnte erweitert werden. Unglücklicherweise konnten aus unterschiedlichen Gründen, u. a. der derzeitigen wirtschaftlichen Rezession dieses Sektors und verschiedenen politischen Veränderungen, die Forschungsmittel trotz Bemühungen nicht nennenswert vergrößert werden. Die linguistische Forschung beschäftigt sich zurzeit jedoch mit ähnlichen Projekten wie der *Klingonischen Enzyklopädie* und der *Romulanischen Chrestomathie*. Nichtsdestoweniger konnten so viele neue Informationen zusammengestellt werden, die ein, wenn auch kurzes, Addendum zu dieser Ausgabe rechtfertigt. Das Addendum gliedert sich in der Nummerierung analog zum Hauptteil, sodass das Nachschlagen per Kreuzverweis gesichert ist.
Der Autor möchte an dieser Stelle noch einmal dem Amt für Wissenschaftliche Forschung der Föderation für die Unterstützung dieses Projekts danken, darüber hinaus sollen diejenigen gebührend gewürdigt werden, mit deren Unterstützung das eigentliche Projekt erst möglich gemacht wurde. Es sind die stets mehr werdenden Klingonen, die bereit sind, ihre Sprache und Kultur mit uns zu teilen. **taHjaj boq.**

3. NOMENSUFFIXE

3.3.1 Typ 1: Augmentative/Diminutive

-oy Kosebezeichnung, Kosewort

Dieses unregelmäßig vorkommende, jedoch sehr interessante Suffix ist der einzige (bekannte) Vertreter seiner Art, der mit einem Vokal anstelle des sonst üblichen Konsonanten beginnt (obwohl es dafür keine Beispiele gibt, wird vermutet, dass in Kombination mit einem der seltenen Nomen, die mit einem Vokal enden, ein ' vor das Suffix eingefügt wird). Das Suffix folgt gewöhnlich einem Nomen, das auf einen Verwandten referiert (Mutter, Vater etc.), aber es kann auch an einem Nomen, das ein Tier referiert, verwendet werden. Dieses ist dann für gewöhnlich ein Haus- oder Schmusetier. Allgemein drückt das Nomen Stolz und Zuneigung aus, ganz gleich, wo es verwendet wird. Es wird allen Studenten des Klingonischen und Nicht-Muttersprachlern dringend abgeraten, dieses Suffix zu verwenden, sofern sie nicht genau wissen, mit wem oder was sie es zu tun haben.

vav *Vater* — **vavoy** *Papa, Vati*
be'nI' *Schwester* — **be'nI'oy** *Schwesterchen*

4.2.6 Typ 6: Qualifikation

-ba' *offensichtlich*

Dieses Suffix wird verwendet, wenn der Sprecher davon ausgeht, dass seine Sichtweise der Dinge dem Hörer deutlich sein sollte, oder der Sprecher die Offensichtlichkeit einer Sachlage auch für sein Gegenüber annimmt. Doch es bleibt immer noch ein gewisser Platz für Zweifel, wodurch das Suffix nicht so unzweifelhaft verstanden werden kann wie das ihm verwandte **-bej** *sicherlich.*

nepwI' Daba' *er/sie lügt offensichtlich* (**nepwI'** *Lügner*, **Da** *sich verhalten/handeln wie*)

4.2.9 Typ 9: Syntaktische Markierungen

-mo' *weil*

Dieses Suffix ist identisch mit dem der Klasse fünf **-mo'** und hat dieselbe Bedeutung: *weil, wegen*

bIqanmo' *weil du alt bist* (**qan** *alt (sein)*)
Heghpu'mo' yaS *deswegen, weil der Offizier gestorben ist* (**Hegh** *sterben*, **yaS** *Offizier*)

-jaj *mögen*

Dieses Suffix drückt ein Verlangen oder einen Wunsch von Seiten des Sprechers aus, etwas möge in der Zukunft geschehen. Wenn es verwendet wird, darf kein Suffix der Aspektierung (Typ 7) zusätzlich am Verb stehen. **-jaj** wird oft mit *möge* oder *lasse* übersetzt und kann zum Zweck eines Fluches oder eines Trinkspruches verwendet werden.

jaghpu'lI' DaghIjjaj *mögest du der Schrecken deiner Feinde sein*
(**jaghpu'lI'** *deine Feinde*, **ghIj** *Schrecken, erschrecken*)

tlhonchaj chIljaj *mögen sie ihre Nasenlöcher verlieren*
(**tlhonchaj** *ihre Nasenlöcher*, **chIl** *verlieren*)

-ghach Nominalisierung

Im Klingonischen gibt es eine Vielzahl von Nomen und Verben, die in der Form identisch sind (z. B. **qeq** *üben, Übung*). Es ist nicht bekannt, ob alle Verben als Nomen verwendet werden können, doch sicher ist, dass Verben, die auf ein Suffix enden (z. B. **-Ha'** *rückgängig machen* **lobHa'** *nicht (mehr) gehorchen*), in dieser Funktion nicht erlaubt sind. Das Suffix **-ghach** kann jedoch ungeachtet aller weiteren Suffixe eine Nominalisierung bewirken. Vergleichen Sie die folgenden Beispiele:

lo' *Verwendung* (Nomen) (**lo'** *verwenden*)
lo'laHghach *Wert* (**lo'laH** *wert (sein)*)
lo'laHbe'ghach *Wertlosigkeit* (**lo'laHbe'** *wertlos (sein)*)

naD *Bestätigung, Empfehlung* (**naD** *empfehlen, bestätigen*)
naDHa'ghach *fehlende Bestätigung, schlechte Empfehlung*
(**naDHa'** *nicht empfehlen, abraten*)
naDqa'ghach *Rückbestätigung* (**naDqa'** *nochmalig empfehlen, bestätigen*)

5. ANDERE WORTARTEN

5.4 Adverbiale

Die ursprüngliche Liste der Adverbiale kann um die folgenden Wörter erweitert werden:

ghaytan *wahrscheinlich*
jaS *verschieden*
nIteb *allein handeln, auf sich selbst gestellt sein*
pe'vIl *kraftvoll, mächtig*
SIbI' *sofort*

Die früher formulierte Annahme, Adverbiale könnten nur am Beginn eines Satzes verwendet werden, hat sich mittlerweile als nicht ganz richtig herausgestellt (Kapitel 6.7).
Zusätzlich zu **neH** *nur* hat sich noch ein zweiter Vertreter dieser Positionierungskategorie gefunden, wenn sich dieses auch syntaktisch merkwürdig verhält.

jay' *Intensivierung*

Dieses Suffix intensiviert nicht nur das gesagte, sondern es verwandelt den gesamten Satz in eine Schmähung oder Beschimpfung.

qaStaH nuq jay' *Was zum #$*@ passiert hier?*

(**qaStaH** *etwas passiert*, **nuq** *was?*)
mIch 'elpu' jay' *Sie sind in den #$%@ Sektor eingedrungen!*
(**mIch** *Sektor*, **'elpu'** *sie sind eingedrungen*)

5.5 Exklamationen

Es hat sich herausgestellt, dass das Fluchen unter den Klingonen fast schon in den Bereich der Schönen Künste fällt. Es gibt weit mehr Flüche als in der früheren Ausgabe dieses Buches. Nicht in allen Fällen ist es nachvollziehbar, wie diese Flüche verwendet werden, doch sind manche eher auf die Anrede einer Person bezogen, während andere eher in einem allgemeinen Bezug stehen.

Namensbezogen	Allgemeine Beschimpfungen
petaQ	**va**
toDSaH	**ghay'cha'**
taHqeq	**baQa'**
yIntagh	**Hu'tegh**
Qovpatlh	

Die Invektion **va** ist nur eine Abkürzung von **Qu'vatlh**. Beachten Sie, dass das Adverbial **jay'** eine allgemeine Bekräftigung der Invektion darstellt (Kapitel 5.4).

6. SYNTAX

6.4 Fragen

Fragen, die auf einem Ausdruck wie „richtig?“ oder „ist es nicht so?“ enden, werden mit dem Verb **qar** *richtig, akkurat (sein)* und dem Suffix **-’a’**, Interrogation, gebildet. Dieses folgt entweder dem Verb oder beschließt in jedem Fall als letztes Wort den Satz. Beide der folgenden Fragen sind korrekt:

De’ Sov qar’a’ HoD
De’ Sov HoD qar’a’ *Der Captain kennt die Information, richtig?* (**De’** *Information*, **Sov** *er/sie weiß, kennt es*, **HoD** *Captain*)

6.7 Platzierung adverbialer Elemente

Man ging früher davon aus, dass Adverbiale (mit der einzigen Ausnahme **neH** *nur*) stets zu Beginn des Satzes stehen müssen. Dieses ist im Allgemeinen zwar der Fall, doch das tatsächliche syntaktische Phänomen entsteht darin, dass das Adverb der Objekt-Verb-Nomen-Konstruktion vorangeht. Es ist also möglich, dass ein anderer Ausdruck vor dem Adverb positioniert wird, meistens handelt es sich dabei um eine Phrase oder ein Nomen, das eine temporale Bedeutung hat (z. B. *heute, um sechs Uhr* etc.).

DaHjaj nom Soppu' *Heute haben sie schnell gegessen.* (**DaHjaj** *heute*, **nom** *schnell*, **Soppu'** *sie haben gegessen*)

Das Adverb mag dem Objektnomen folgen (bleibt jedoch vor dem Verb positioniert), wenn das Objektnomen durch das Suffix **-'e'** topisiert wird (Kapitel 3.3.5).

HaqwI''e' DaH yISam *Finde den CHIRURGEN, jetzt!* (**HaqwI'** *Chirurg*, **DaH** *jetzt*, **yISam** *finde ihn/sie!*)

6.8 Indirekte Objekte

Während das (direkte) Objekt des Verbs der Rezipient der im Verb ausgedrückten Handlung ist, kann das indirekte Objekt als deren Empfänger fungieren. In einem klingonischen Satz steht das indirekte Objekt vor dem (direkten) Objekt und wird mit einem Nomensuffix der Klasse 5, **-vaD** *für, bestimmt für*, markiert. Das Suffix kann entweder an einem Nomen oder einem Pronomen verwendet werden.

yaSvaD taj nobpu' qama' Der Gefangene gab dem Offizier das Messer. (yaS *Offizier*, **taj** *Messer*, **nobpu'** *geben* (Perfektiv), **qama'** *Gefangener*)

chaHvaD Soj qem yaS *Der Offizier bringt ihnen Essen.* (**chaH** *sie/ihnen*, **Soj** *Essen, Nahrung*, **qem** *bringen*, **yaS** *Offizier*)

KLINGONISCH - DEUTSCH

bagh	binden
beQ	flach (sein)
betleH	Klingonische Handwaffe
bIj	bestrafen
bIj	Bestrafung
bIreQtagh	Bregit Lunge
boQ	Hilfe, Unterstützung
chab	Auflauf, Kuchen
chIl	verlieren, verlegen
chov	schätzen, abschätzen
cho’	Nachfolge, Thronfolge
cho’	nachfolgen
chuS’ugh	Klingonisches Musikinstrument
chu’wI’	Schalter
Da	benehmen, verhalten (wie)
DaHjaj	heute
Daj	ergebnislos überprüfen
Daq	Ort, Bereich
Dargh	Tee
Degh	Medaille, Emblem, Symbol
DI	Abfall, Müll
DoD	Komma (in den Koordinaten)
DungluQ	Mittag
Duy’a’	Botschafter (In)
ghaytan	wahrscheinlich (Adv.)

ghew	Käfer
ghe''or	Unterwelt für Ehrlose
ghoch	folgen, verfolgen
ghojmoq	Schwester, Gouvernante
ghuv	Rekrut
Haqtaj	Skalpell
HaqwI'	Chirurg
Ha'DIbaH	Fleisch, Tier
Hegh	Tod
Hergh QaywI'	Hypospray
HerghwI'	Hypospray (medizinisches Gerät)
HIj	Güter transportieren, liefern
HoH	Töten
jaS	verschieden (Adv.)
jatlh	sagen
jay'	intensiv (Adv.)
ja'chuq	Nachfolgeritus (antik)
jech	Maske, Kostüm
jey	Reiseroute
jIH	abhören, überwachen
jogh	Quadrant
juHqo'	Heimatwelt
lagh	Fähnrich
lagh	auseinandernehmen
latlh	anderer, ein(e) andere
la'quv	Oberkommandant
la''a'	Kommandant
len	Pause
leSSov	Weitsicht, Voraussicht
lIngwI'	Generator
lo'	Verwendung, Gebrauch
lupDujHom	Beiboot, Shuttle
lurgh	Richtung
mangHom	Kadett
matlh	loyal (sein)
mej	verlassen, abreisen
meqba'	Klingonisches rechtliches Verfahren
mIw	Verfahren, Prozedur
morgh	protestieren
mun	einmischen
muvmoH	rekrutieren

muvtay	Initiation, Einführung
nab	Plan, Vorgehen
naD	loben, empfehlen
naD	Empfehlung
naDHa'	abraten
naDHa'ghach	Nichtempfehlung
naH	Frucht, Gemüse
naQ	voll, vollständig, ganz (sein)
naQ	Stab, Offiziersstab
nargh	entkommen, flüchten
nejwI'	Sonde
nenghep	Alter des Aufsteigens
nentay	Ritus des Aufsteigens
nImbuS wej	Nimbus III
nIS	unterbrechen, Einfluss nehmen
nIteb	allein, allein handeln (Adv.)
nItlhpach	Fingernagel
noH	Krieg
notlh	obsolet (sein)
nuHmey	Arsenal
nuqjatlh	Was hast du gesagt? Was? (Exklam.)
ngeHbej	Kosmos
ngoch	Politik
pach	Kralle, Klaue
patlh	Rang (milit.)
peHghep	Alter der Aufnahme
peQ	Magnetismus
peQ chem	Magnetisches Feld
pe'vIl	kraftvoll, durch Kraft (Adv.)
pIn'a'	Meister
pIpyuS	Pipius
pIw	Geruch
pop	Belohnung
potlh	wichtig (sein)
qaD	Herausforderung
qaD	herausfordern
qagh	Wurm, schlangenähnlich (Nahrung)
qaq	vorzuziehen (sein)
qar	akkurat, richtig, korrekt (sein)
qawHaq	Datenbank
qel	überdenken, beachten

qIt	möglich (sein)
qo’	Welt, Bereich
qughDuj	Kreuzer
qumwI’	Gouverneur
qutluch	Klingonische Handwaffe
quv	Ehre
quv	verehrt (sein)
quvmoH	ehren
QaH	Hilfe, Unterstützung
Qang	Kanzler
QI’tomer	Khitomer
QI’tu’	Paradies
Qol	wegbeamen
Qo’	Nein! Ich stimme nicht zu! (Exklam.)
Qo’noS	Kronos
ra’ghomquv	das Hohe Kommando
rI’	grüßen, rufen
rI’Se’	Grußfrequenz
ro’qegh’Iwchab	Rokeg Blutpastete
ruch	vorangehen, fortschreiten
rura’ pente’	Rura Penthe
ruStay	Bindungsritual, Blutsbrüderschaft
Sam	lokalisieren, suchen und finden
SIbI’	sofort (Adv.)
Sogh	Leutnant
Soj	Nahrung, Essen
SonchIy	Todesritual (für einen Führer)
Sov	Wissen, Kenntnis
SuD	spielen, ein Risiko eingehen
Sugh	beziehen, einrichten (ein Büro)
SuvwI’	Krieger
tagh	Lunge
tagh	initiieren, beginnen
taH	fortfahren, andauern
targh	Targ (Tier)
tay	Zeremonie, Ritual
tob	überprüfen, beweisen
toD	Rettung
toDuj	Mut, Tapferkeit
toQDuj	Bird of Prey
totlh	Kommodere

toy'wI''a'	Sklave
tlham	Schwerkraft
tlhIj	entschuldigen
tlhIlHal	Mine
tlhIngan Hubbeq	Klingonische Verteidigungskräfte
tlhob	fragen, bitten
tlho'	Dankbarkeit
tlho'	danken
vaj	Krieger
van	Tribut
van'a'	Belohnung
vaq	verspotten, lächerlich machen
vaS	Halle für Zusammenkünfte
vaS'a'	die Große Halle
veH tIn	die Große Barriere
veqlargh	Teufel, Dämon
verengan	Ferengi
veSDuj	Kriegsschiff
vID	kriegstauglich (sein)
vIH	bewegen, in Bewegung sein
vIt	Wahrheit
vI'	Scharfschießen, Schießkunst
weQ	Kerze
woj	Strahlung
woj choHwI'	Reaktor
wuq	entscheiden über
yagh	Organismus
yaH	fortgenommen, fortgetragen (werden)
yejquv	der Hohe Rat
'aH	Zubehör, Ausrüstung
'aj	Admiral
'ech	Brigadier
'evnagh	Subraum
'oD	vermitteln
'otlh	Photon
'oy'naQ	Schmerzstock

DEUTSCH – KLINGONISCH

Abfall, Müll	DI
abraten	naDHa'
Admiral	'aj
akkurat, ordentlich (sein)	qar
allein, allein handeln	nIteb
anderer, ein(e) andere	latlh
Arsenal	nuHmey
Auflauf, Kuchen	chab
auseinandernehmen	lagh
Barriere, Grenze (große)	veH tIn
beamen, transportieren	Qol
beginnen	tagh
Beiboot	lupDujHom
Belohnung	pop
Belohnung	van'a'
benehmen, verhalten (wie)	Da
bestrafen	bIj
Bestrafung	bIj
bewegen, in Bewegung sein	vIH
beziehen, einrichten (ein Büro)	Sugh
binden	bagh
Bindungsritual, Blutsbrüderschaft	ruStay
Bird of Prey	toQDuj
Botschafter	Duy'a'
Brigadier	'ech

Chirurg	HaqwI’
Dankbarkeit	tlho’
danken	tlho’
Datenbank	qawHaq
die große Halle	vaS’a’
ehren	quvmoH
einmischen	mun
empfangen	HIj
Empfehlung	naD
entkommen, flüchten	nargh
entscheiden über	wuq
entschuldigen	tlhIj
Ferengi	verengan
Fingernagel	nItlhpach
flach (sein)	beQ
Fleisch, Tier	Ha’DIbaH
fortfahren	taH
fortgenommen, fortgetragen (werden)	yaH
fragen, bitten	tlhob
Frucht, Gemüse	naH
geehrt, verehrt (sein)	quv
Generator	lIngwI’
Geruch	pIw
Gouverneur	qumwI’
grüßen	rI’
Grußfrequenz	rI’Se’
Halle für Zusammenkünfte	vaS
Heimatwelt	juHqo’
herausfordern	qaD
Herausforderung	qaD
heute	DaHjaj
Hilfe, Unterstützung	boQ
Hilfe, Unterstützung	QaH
Hypospray	Hergh QaywI’
Hypospray (med. Gerät)	HerghwI’
Initiation, Einführung	muvtay
initiieren	tagh
intensiv (Adv.)	jay’
Kadett(In)	mangHom
Käfer	ghew
Kanzler	Qang

Kerze	weQ
Khitomer	QI'tomer
Klingonische Handwaffe, bat'leth	betleH
Klingonische Handwaffe, Dolch	qutluch
Klingonische Unterwelt für Ehrlose	gehe''or
Klingonische Verteidigungskräfte	tlhIngan Hubbeq
Klingonischer Zeitpunkt der Initiation	nenghep
Klingonischer Schmerzstock	'oy'naQ
Klingonisches Jahr der Aufnahme	peHghep
Klingonisches Musikinstrument	chuS'ugh
Klingonisches Ritual der Initiation	nentay
Klingonisches Todesritual für einen Führer	SonchIy
Komma	DoD
Kommandant	la''a'
Kommodere	totlh
Kosmos	ngeHbej
kraftvoll, durch Kraft (Adv.)	pe'vIl
Kralle, Klaue	pach
Kreuzer	qughDuj
Krieg	noH
Krieger	SuvwI'
Krieger	vaj
Kriegsschiff	veSDuj
kriegstauglich (sein)	vID
Kronos	Qo'noS
Leutnant	Sogh
loben, empfehlen	naD
Logbuch, Reisetagebuch	jey
lokalisieren, suchen und finden	Sam
loyal (sein)	matlh
Lunge, Bregit-Lunge	bIreQtagh
Magnetisches Feld	peQ chem
Magnetismus	peQ
maskieren, kostümieren	jech
Medaille, Emblem, Symbol	Degh
Meister	pIn'a'
Mine	tlhIlHal
Mittag	DungluQ
möglich (sein)	qIt

Mut, Tapferkeit	toDuj
Nachfolge, Thronfolge	cho’
nachfolgen	cho’
Nachfolgeritus (Antik)	ja’chuq
Nahrung, Essen	Soj
Nein! Ich stimme nicht zu! (Exklam.)	Qo’
Nichtempfehlung	naDHa’ghach
Nimbus III	nImbuS wej
Oberkommando	la’quv
Oberkommando	ra’ghomquv
Oberkommando	yejquv
obsolet (sein)	notlh
Organismus	yagh
Ort, Bereich	Daq
Paradies	QI’tu’
Pause	len
Photon	’otlh
Pipius	pIpyuS
Plan, Vorgehen	nab
Politik	ngoch
protestieren	morgh
prüfen, überprüfen	tob
Quadrant	jogh
Rang (milit.)	patlh
Reaktor	woj choHwI’
Rekrut	ghuv
rekrutieren	muvmoH
Rettung	toD
Richtung	lurgh
riskieren	SuD
Rokeg Blutpastete	ro’qegh’Iwchab
Rura Penthe	rura’pente’
sagen	jatlh
Schalter	chu’wI’
Scharfschießen, Schießkunst	vI’
schätzen, abschätzen	chov
Schwerkraft	tlham
Schwester, Gouvernante	ghojmoq
Skalpell	Haqtaj
Sklave	toy’wI’’a’
sofort (Adv.)	SIbI’

Sonde	nejwI’
Stab, Offiziersstab	naQ
Strahlung	woj
Subraum	’evnagh
Symbol, Flagge	lagh
Targ (Tier)	targh
Tee	Dargh
Teufel, Dämon	veqlargh
Tod	Hegh
Töten	HoH
Tribut	van
überdenken, in Rechnung stellen	qel
überprüfen, ergebnislos	Daj
unterbrechen, Einfluss nehmen	nIS
Verfahren, Prozedur	mIw
verfolgen, folgen	ghoch
verlassen, abreisen	mej
verlieren	chIl
vermitteln	’oD
verschieden (Adv.)	jaS
verspotten, lächerlich machen	vaq
Verwendung, Gebrauch	lo’
voll, vollständig, ganz (sein)	naQ
vorangehen, fortschreiten	ruch
Voraussicht	leSSov
vorschriftsmäßiges Verfahren	meqba’
vorzuziehen (sein)	qaq
Wahrheit	vIt
wahrscheinlich	ghaytan
Was hast du gesagt? Was? (Exklam.)	nuqjatlh
Welt, Bereich	qo’
wichtig (sein)	potlh
Wissen, Kenntnis	Sov
Wurm, schlangenähnlich (Nahrung)	qagh
zeigen, vorführen	jIH
Zeremonie, Ritual	tay
Zubehör, Ausrüstung	’aH